Una
LETRA
ESCARLATA

Aprendiendo a vencer la vergüenza
y a vivir auténticamente en Cristo.

LORI WAGNER

ELOGIOS PARA
UNA LETRA ESCARLATA

Una vez más, Lori Wagner ha tomado la pluma en mano para escribir. Fiel a su profunda comprensión de la Palabra y el poder de Dios, su nuevo libro Una Letra Escarlata revela una verdad profunda para el creyente: ¡Dios puede limpiar y sanar nuestro espíritu de la vergüenza! A través de una relación con nuestro precioso Señor y creyendo/aceptando las verdades de la Biblia, podemos erradicar los lazos de la vergüenza que atormentan nuestra mente.

Lo más probable es que la vergüenza haya hostigado a la mayoría de nosotros, aun cuando haya llegado a través de experiencias que no fueron de nuestra propia elección. En consecuencia, luchamos contra las debilitantes mentiras del enemigo que nos dice que nunca podremos vencer, que jamás podremos borrar la vergüenza del pasado.

Una Letra Escarlata guía al lector a través de ejercicios intencionales que rompen las cadenas de la vergüenza y liberan de su tenaz dominio. El diálogo interno negativo desaparece. Las dolorosas batallas mentales son conquistadas. Todo es reemplazado por la libertad de volar hacia la plenitud de vivir el plan de Dios para la vida. Es una lectura imprescindible. Expone las tácticas del enemigo. Revela verdades de la Palabra. Trae esperanza. Aumenta la fe.

Gracias, Lori, por escribir este libro extraordinario. Seguramente has sufrido profundamente en lo personal para recibir y compartir esta verdad de la Palabra. La recompensa de tu sacrificio solo podrá medirse en la eternidad, pero Una Letra Escarlata sin duda cambiará e incluso posiblemente salvará vidas.

Linda Gleason, Presidenta del Ministerio de Damas,
Iglesia Pentecostal Unida Internacional, UPCI

Jesús vino para darnos vida y liberarnos de aquello que nos esclaviza. En su libro Una Letra Escarlata, Lori Wagner logra más que su objetivo de describir los efectos perjudiciales que la vergüenza puede tener en un hijo de Dios. Ella explica cómo esta moldea nuestro comportamiento humano e impacta cada área de nuestra vida. Nuestra respuesta a Dios se ve afectada, al igual que nuestras relaciones con los demás.

La parte maravillosa de Una Letra Escarlata es que no solo se analiza minuciosamente la vergüenza, brindándonos una comprensión completa de sus efectos, sino que también se presenta una gama de herramientas para ayudar a desmantelarla y lograr libertad plena de su esclavitud.

Si eventos desafortunados han traído vergüenza a tu vida y deseas ser libre, o si simplemente necesitas una comprensión más profunda de cómo enfrentarla para poder ayudar mejor a otros, este libro es para ti.

Léelo con oración y detenimiento. Te aseguro que nunca volverás a ser el mismo.

Debbie Sanders, Directora, Todays Christian Girl

"Y mi pueblo nunca más será avergonzado..." Joel 2:26-27. Muchos pentecostales se enfocan en el derramamiento profetizado en Joel 2:28-29 y pasan por alto esta frase que se repite dos veces en el texto para dar énfasis. El manejo efectivo de nuestra vergüenza nos prepara para el fluir libre del Espíritu Santo de Dios. En Una Letra Escarlata, Lori Wagner nos ofrece un relato vulnerable y conmovedor de cómo opera la vergüenza, y brinda pasos prácticos para su erradicación. Este libro es más que informativo: es transformador. Contiene versículos pertinentes de las Escrituras distribuidos a lo largo del texto y ejercicios devocionales poderosos para la reflexión que impulsarán el cambio.

¡Léelo y nunca más te sientas avergonzado!

Scott D. Grant, Mdiv, Misionero Metropolitano, Quebec

Estoy muy agradecida por el valor y la unción de Lori Wagner para enseñarnos, basándose en su amplia investigación y experiencia, lo que es la vergüenza y el camino hacia la libertad. Una Letra Escarlata es un recurso vital para todo creyente. Oro para que, al leer y aplicar estas verdades, experimentes la libertad de la vergüenza que está disponible para quienes están "en Cristo."

Vicki Gonzalez, Cofundadora y esposa del obispo de International Christian Fellowship, área metropolitana de Chicago.

En una cultura donde nuestra vergüenza se produce en exceso, Lori Wagner ha escrito un libro dinámico que aborda este problema tan común. Escrito en formato de cuaderno de trabajo que impulsa al lector a activar las lecciones, Una Letra Escarlata es una herramienta maravillosa.

Te animo a leer y luego trabajar cada lección, permitiendo que Dios transforme tu vergüenza a través del amor. Tu vida será más fuerte y tu capacidad para ayudar a otros será liberada a medida que sometas la vergüenza por medio de este libro.

Carla Burton, Creadora de A Passion Approach

Una Letra Escarlata de Lori Wagner es una poderosa exploración de la vergüenza y del poder transformador de la obra del Calvario. Esta obra bellamente estructurada, combina una útil comprensión cultural y científica de la vergüenza con un testimonio personal de cómo superar el peso de los errores del pasado y encontrar redención en Cristo.

Wagner invita a sus lectores a conectarse con sus propias experiencias de dolor y culpa, ofreciendo a lo largo del texto guías cuidadosamente diseñadas para escribir lo que piensan y provocar una reflexión profunda. A través de sus reflexiones sobre la vergüenza, presenta un mensaje de esperanza y sanidad, demostrando que incluso los capítulos más oscuros de la vida pueden reescribirse con la ayuda de la gracia de Dios.

Una Letra Escarlata es más que un diario de 21 días; es una guía espiritual. Las enseñanzas de Wagner sobre el poder transformador del perdón y la importancia de vivir auténticamente en Cristo ofrecen una guía práctica para todo aquel que desee superar las cargas del pasado. Es un libro que resonará con lectores de todas las edades y contextos, ofreciendo un mensaje de esperanza, sanidad y el poder perdurable del amor.

Austin Gilliland, Pastor, Iglesia Apostólica New Life, Kendallville, Indiana

Una Letra Escarlata es un libro inspirador y motivador sobre cómo vencer el dominio de la vergüenza mediante el poder de Cristo. Está lleno de profundidad emocional e historias que inspirarán al lector a creer que hay esperanza para todos los que luchan. No importa en qué etapa de la vida te encuentres, este libro es una lectura excepcional.

Sandra Dillon, Conferencista motivacional, esposa del obispo de la Iglesia Parkway, Madison, Mississippi

En Una Letra Escarlata, Lori Wagner presenta una poderosa guía para romper las cadenas sociales, físicas y espirituales de la vergüenza. A lo largo de 21 días, ofrece herramientas prácticas para renovar tu manera de pensar, alcanzar una verdadera libertad del pasado y mirar hacia el futuro con esperanza y expectativa. ¡Altamente recomendado!

Ashley Mohr, Fundadora de The Pillar Diaries

Una Letra Escarlata: Aprendiendo a vencer la vergüenza y vivir auténticamente en Cristo
© 2025 por Lori Wagner

AFFIRMING FAITH
8900 Ortonville Road | Clarkston, MI 48348 | www.affirmingfaith.org

Todos los derechos reservados. Ninguna parte de esta publicación puede ser reproducida, almacenada en un sistema electrónico ni transmitida, en ninguna forma ni por ningún medio, ya sea electrónico, mecánico, por fotocopia, grabación u otro, sin el permiso previo por escrito de Affirming Faith. Las solicitudes de autorización deben dirigirse por escrito a: Affirming Faith, 8900 Ortonville Road, Clarkston, MI 48348. Se permite el uso de citas breves en reseñas literarias.

Las citas bíblicas, a menos que se indique lo contrario, han sido traducidas y adaptadas a partir de la versión Reina-Valera 1960.
Additional Scriptures taken from:
Otras versiones bíblicas utilizadas en la obra original, con sus equivalentes en español cuando corresponda:
The Holy Bible, English Standard Version (ESV) – con su equivalente en español: Biblia de las Américas (LBLA) o Biblia ESV en español, según corresponda.
The Holy Bible, New Living Translation (NLT) – con su equivalente en español: Nueva Traducción Viviente (NTV), copyright © Tyndale House Foundation.
The Living Bible (TLB) – versión libre con equivalente aproximado en *La Biblia Viva*.
The New King James Version (NKJV) – con su equivalente en español: Reina-Valera Actualizada (RVA) o Nueva Biblia de las Américas, según el contexto.
The Passion Translation (TPT) – sin versión oficial en español; se mantendrá en inglés con notas si es necesario.

Edición en español preparada por:
Traducción inicial: Herbert C Quiñonez
Traducción final y edición: Tere De la Rosa

Datos de catalogación en la Biblioteca del Congreso
Nombres: Wagner, Lori, 1965– autora. | McCoy, Kara S., 1977– editora.
Descripción: Una Letra Escarlata: Aprendiendo a vencer la vergüenza y vivir auténticamente en Cristo / Lori Wagner, Clarkston, Affirming Faith
Identificadores: ISBN 978-1-7335517-8-6

Este libro está dedicado a la persona que Dios tenía en mente cuando te creó— única, formada con un propósito divino y un amor infinito.

Agradecimientos

Deseo expresar mi más sincero agradecimiento a todos los que me apoyaron en la escritura de este libro.

En primer lugar, doy gracias a Dios, mi fuente de inspiración.

Un agradecimiento muy especial a mi esposo, Bill Wagner. Tu apoyo constante, tu paciencia y comprensión —incluso durante las largas horas de escritura y revisión— significaron el mundo para mí. No podría haberlo logrado sin ti.

Un enorme agradecimiento a Kara McCoy. Tus aportes fueron fundamentales para dar forma y pulir esta obra. Estoy profundamente agradecida por todo lo que contribuiste para que este proyecto cobrara vida.

Gracias, Jan Dorman y Hope Wagner, por su valiosa ayuda y comentarios a lo largo del proceso de redacción y edición.

Laura Merchant, gracias por tomar mi visión y convertirla en una presentación gráfica tan hermosa.

A todos los que me apoyaron en este camino, ya sea que haya mencionado su nombre o no, por favor sepan que sus aportes hicieron posible este libro. Les agradezco más de lo que las palabras pueden expresar.

Prólogo

¿Quién de nosotros no ha experimentado esa desgarradora sensación de vergüenza? A menudo superamos esos momentos, enterramos los recuerdos, solo para que resurjan más adelante de formas que pueden atormentarnos o intimidarnos.

Gracias a Dios, no estamos solos para enfrentar estos desafíos. En su excelente libro, Una Letra Escarlata: Aprendiendo a vencer la vergüenza y vivir auténticamente en Cristo, Lori Wagner invita a los lectores a embarcarse en un viaje de crecimiento que conduce a una verdadera libertad.

Con un enfoque cercano y accesible, Lori establece una sólida base bíblica y ofrece perspectivas históricas y culturales sobre la experiencia y el problema de la vergüenza. A través de la participación activa, la oración y la reflexión en un cuaderno interactivo, guía al lector en un recorrido de 21 días de crecimiento personal y comprensión.

La invitación es para todos: vence y vive auténticamente. Este libro es para ti.

Rev. Cindy Miller, Ph.D.
Pastora principal de Calvary Tabernacle UPCI, Wrightstown, Nueva Jersey y profesora de Teología Práctica, Directora de Programas de Maestría en Ministerio Cristiano / Maestría en Divinidad / Doctorado en Ministerio en Urshan Graduate School of Theology

ÍNDICE DEL CONTENIDO

Introducción xv

Fundamentos: El peso de la vergüenza 1

1. EL DOBLE FILO DE LA VERGÜENZA: En la historia y la fe 3
2. LA ANATOMÍA DE LA VERGÜENZA: Cómo nos afecta por dentro y por fuera 13
3. SILENCIO Y ESTANCAMIENTO: El poder paralizante de la vergüenza 17
4. LA AFLICCIÓN ESCONDIDA: Cómo la vergüenza afecta nuestra
   vida interior 23
5. EJEMPLOS NARRATIVOS: Historias de quienes rompieron
   el yugo de la vergüenza 25

AHORA TE TOCA A TI: La jornada hacia la libertad
Cuaderno devocional de 21 pasos hacia la transformación 31

Semana 1: Entendiendo la vergüenza y la redención 33
6. LA LETRA ESCARLATA: Entendiendo la máscara de la vergüenza 35
7. UNA INSIGNIA DE VERGÜENZA: Reconociendo Su presencia 39
8. NI SIQUIERA UN RASTRO: Borrando el impacto de la vergüenza 43
9. NUEVAS PERSPECTIVAS: Transformando tu manera de ver la vergüenza 47
10. LIBERTAD A TRAVÉS DE LA OBEDIENCIA: La obediencia a la Palabra de Dios nos
    guía a una vida libre de vergüenza 51
11. VERDADERAMENTE LIBRES: Creyendo en tu liberación 55
12. UNA FUENTE QUE FLUYE: Experimentando una renovación continua 59

Semana 2: Reclamando tu nueva identidad en Cristo 65
13. DE LA VERGÜENZA A LA GLORIA: Aceptando la redención de Dios 67
14. DESHONRA BORRADA: Pasos hacia la sanidad 71
15. ELEVÁNDOTE POR ENCIMA: Venciendo el poder de la vergüenza 75
16. ELIGIENDO LA VERDAD: Enfrentando las mentiras de la vergüenza 79
17. UNA "A" LAVADA EN SANGRE: Encontrando expiación en Cristo 85
18. EXPIACIÓN ETERNA: Viviendo en el perdón de Dios 89

19. LA PALABRA FAVORITA DE DIOS: Recibiendo Su amor 93

Semana 3: Viviendo en libertad y propósito 99
20. CONSEJERO EN EL TRIBUNAL: Defensa contra las acusaciones 101
21. REDENCIÓN DIARIA: Viviendo en libertad todos los días 105
22. REIDENTIFICADO: Descubriendo quién eres en Cristo 109
23. UN NUEVO COMIENZO: Abrazando tu nueva vida 113
24. UNA OBRA INTEGRAL: Alcanzando plenitud 117
25. NO MÁS INCERTIDUMBRE: Encontrando tu verdadero camino 121
26. DEJANDO ATRÁS EL PASADO: Libertad en Cristo 125

¿Y AHORA QUÉ? Viviendo tu nueva identidad en Cristo 131

27. OBRA EN PROCESO: Disfrutando la jornada 133
28. LA PREGUNTA SOBRE LA SANIDAD: Confiando en el poder de Dios 141
29. RESTAURADOS Y REDIMIDOS: Viviendo la nueva vida 151
30. ROMPIENDO LAS CADENAS DE LA VERGÜENZA: El amor de Dios hace la obra 157
31. DESMANTELANDO LOS MUROS: Superando barreras 165
32. FUERA DE LAS SOMBRAS: Hacia la luz 169

REFLEXIÓN FINAL 173

APÉNDICES
APÉNDICE I: Reflexiones para desafiar y superar los patrones de
pensamiento negativos 175
APÉNDICE II: IMPLICACIONES ÉTICAS DE LA HUMILLACIÓN PÚBLICA 187

BIBLIOGRAFÍA 197

INTRODUCCIÓN

Superar la vergüenza es una jornada espiritual a la que muchos de nosotros somos llamados, pero para la cual pocos estamos realmente preparados. En mi caso, comenzó con un trauma en la infancia que me llevó a tomar malas decisiones durante la adolescencia—decisiones que parecían confirmar cada pensamiento negativo que tenía sobre mí misma. Esos pensamientos terminaron convirtiéndose en una avalancha de autocondenación y sentimientos profundos de indignidad que me acompañaron hasta bien entrada la adultez.

Aun después de entregar mi vida a Cristo y experimentar la transformación profunda de ser llena del Espíritu Santo, me descubrí luchando con los mismos patrones mentales de siempre. Aunque creía en la gracia de Dios para los demás, aceptarla para mí era otra historia. Me convertí en mi crítica más severa, incapaz de desprenderme de las percepciones falsas que habían sido arraigadas en mí por tanto tiempo. Esas mentiras alimentaban mi vergüenza como un goteo constante, envenenando mi identidad y distorsionando la imagen que yo creía que Dios tenía de mí.

Pero mi historia no terminó allí.

Este libro nace de mi experiencia. Mi esperanza es que sus enseñanzas y relatos ayuden a otros a encontrar el valor de enfrentar su propia vergüenza, a reconocer las mentiras que han creído—y que incluso se han dicho a sí mismos—y a dar el paso hacia la libertad que viene al entender que no somos definidos por nuestros errores ni por las heridas que otros nos han causado. En Cristo, somos nuevas criaturas. Es en esa renovación donde podemos encontrar la libertad para vivir como Dios lo ha planeado para nosotros: completos, amados y libres de vergüenza.

Este libro es más que una guía para superar las consecuencias negativas de la vergüenza. Es una celebración de la gracia de Dios, que transforma el quebranto en belleza, la desesperanza en esperanza, y la vergüenza en una historia de redención. A través de las Escrituras y la psicología, hablaremos sobre cómo la vergüenza impacta nuestras vidas y exploraremos caminos hacia la libertad y la sanidad. La esperanza está disponible para todos los que han sentido la pesada carga de la vergüenza oprimiendo su jornada espiritual.

En Una Letra Escarlata, como compañeros y compañeras de jornada, reflexionaremos sobre la profunda verdad de que cada uno de nosotros ha sido creado de manera admirable y maravillosa, valorado más allá de toda medida y, para quienes lo aceptan, destinado a una vida de libertad y gozo en Cristo. A pesar de nuestra humanidad—de nuestros fallos y errores—podemos apoyarnos en el amor de Dios, comenzar a derribar fortalezas mentales y aprender a abrazar con mayor plenitud la libertad que se encuentra en Jesucristo.

En la primera parte, exploraremos el doble filo de la vergüenza: su historia, su estructura y cómo afecta nuestras vidas. Consideraremos la interconexión entre la vergüenza, el estancamiento y el silencio, y cómo aferrarnos a la vergüenza impacta el bienestar general y la unidad de la Iglesia.

En la segunda parte, recorreremos paso a paso Una Letra Escarlata, interactuando con sus conceptos liberadores a lo largo de la jornada. Ten a mano tus bolígrafos y marcadores, algunas tarjetas para anotaciones y un cuaderno para profundizar aún más. Juntos, crearemos un recurso personalizado que te ayudará a vivir con mayor autenticidad y confianza.

La tercera parte se enfoca en alcanzar una mayor integridad y sanidad. En ella, exploraremos recursos, estrategias y consejos para confrontar y superar patrones de pensamientos negativos. Junto con ejercicios prácticos y reflexiones sobre cómo afrontar los desafíos actuales, obtendrás herramientas que apoyarán tu jornada continua.

No importa quién eres ni dónde te encuentras: este libro es para ti. Estoy tan agradecida de que Dios haya permitido que nuestros caminos se crucen a través de tinta y papel, bajo el mismo cielo de Su gracia. Oro y creo que descubrirás cómo ayudarte a ti mismo y también a otros a vencer la vergüenza y vivir auténticamente, caminando en la gracia de Dios y viviendo en Su paz.

Contigo en la fe y la libertad,
Lori Wagner

Si estás interesado en ver el mensaje "The Scarlet Letter", puedes encontrarlo en la sección Video Vault del sitio web de Affirming Faith: www.affirmingfaith.org
También está disponible directamente en YouTube:
https://www.youtube.com/watch?v=OM6h1N9QL_I

Fundamentos:
El peso de la vergüenza

"Vengan a mí todos los que están cansados y llevan cargas pesadas, y yo les daré descanso". Mateo 11:28, NTV

1 EL DOBLE FILO DE LA VERGÜENZA

En la historia y la fe

Las huellas de la vergüenza han dejado su marca, moldeando normas sociales a lo largo de distintas culturas y épocas. ¿Cómo sigue influyendo la vergüenza en el comportamiento humano, y entra esto en conflicto con las enseñanzas bíblicas que ofrecen esperanza y redención?

La vergüenza: Una perspectiva histórica

Antes de comenzar nuestro recorrido hacia la transformación y la sanidad, necesitamos comprender las complejidades de la vergüenza. Comenzaremos explorando su naturaleza, su función, su poder y su origen. Al arrojar luz sobre cómo se ha percibido y utilizado la vergüenza en diversas culturas y tradiciones a lo largo de la historia, podremos tener una mejor comprensión de las enseñanzas bíblicas, especialmente en lo que respecta al pecado, la redención y el poder del sacrificio de Jesús en nuestras vidas hoy en día.

A lo largo de la historia, la vergüenza ha sido utilizada como una herramienta para mantener el orden social y los estándares dentro de las comunidades. Las normas culturales —es decir, las expectativas de la comunidad— orientan acerca de cómo deben actuar y hablar las personas, con el fin de que sus miembros se sientan parte del grupo y reciban respeto. Según los antropólogos, los seres humanos están naturalmente diseñados para sentir vergüenza; forma parte de nuestra composición biológica—esa sensación de incomodidad, humillación o angustia que experimentamos cuando creemos que hemos fallado o hecho algo incorrecto de acuerdo con los estándares de nuestra comunidad. Ya sea que estos estándares provengan de la religión, la familia o del entorno en el que vivimos, nos muestran lo que se considera conducta virtuosa o correcta, y lo que no lo es, a menudo con un enfoque en el bien común.

Emplear la vergüenza para hacer que las personas se sientan culpables por comportamientos que no se ajustan a las normas aceptadas ha sido una estrategia que las comunidades utilizan para promover el cumplimiento y evitar acciones que generan división. A lo largo de la historia, la vergüenza se ha utilizado para reforzar valores y expectativas culturales, afectando desde las interacciones personales hasta las prácticas grupales más amplias. Al comprender esto, podemos ver cuan profundamente la vergüenza ha moldeado nuestros comportamientos, relaciones y estructuras sociales.

Las comunidades han utilizado la vergüenza para motivar a las personas que se han desviado de las normas sociales a cambiar, restablecer la conexión y colaborar con los demás. En algunos casos, no ajustarse a las normas del grupo ha llevado a castigos y al desprecio por parte de los demás. Este tipo de trato puede afectar profundamente la imagen que las personas tienen de si mismas, impactando su autoestima y su bienestar mental. Al abordar errores y malentendidos, la comunidad intenta restaurar el sentido de pertenencia y unidad en aquellos que se han alejado o desvinculado. Con el tiempo, estas experiencias pueden cambiar la forma en que las personas se comportan y se relacionan con el mundo que las rodea.

Fundamentos bíblicos de la vergüenza

En el judaísmo, la vergüenza aparece desde el principio de la Biblia, en el libro de Génesis. Cuando Adán y Eva comieron del fruto que Dios les había prohibido, sintieron vergüenza y trataron de esconderse de Él (ver Génesis 3:7-8). Esto demuestra que la vergüenza a menudo está ligada a nuestras relaciones. A veces, no sentir vergüenza puede considerarse un fracaso moral. Por ejemplo, el profeta Jeremías se indignó porque la gente no sentía vergüenza por sus acciones pecaminosas. Dijo: *"¿Se han avergonzado de haber hecho abominación? Ciertamente no se han avergonzado, ni aún saben tener vergüenza"* (Jeremías 6:15, RVR1960). Desde una perspectiva bíblica, sentir cierta vergüenza es importante para un arrepentimiento genuino (ver Jeremías 31:19).

El Antiguo Testamento retrata al pueblo de Dios viviendo en una sociedad rodeada de vecinos idólatras cuyas prácticas contrastaban fuertemente con las enseñanzas de Dios. En ese entorno, la vergüenza regulaba el comportamiento del pueblo de Dios, ayudándolos a mantenerse firmes en su fe y valores. Cuando no lograban controlar sus acciones, a menudo enfrentaban consecuencias graves. En más de una ocasión fueron dispersados, perdieron su tierra, su ciudad y su templo fueron destruidos, su pueblo fue maltratado y fueron objeto de burla por parte de otras naciones. Todo esto fue profundamente humillante para ellos.

A partir de la experiencia de Israel y el uso que Dios hace del lenguaje de honra y vergüenza en Deuteronomio 28, podemos ver que Dios utilizó la vergüenza con un propósito. De hecho, la honra y la vergüenza son similares a los conceptos de bendición y maldición. Esta dinámica muestra cuán profundamente estos principios guiaban la conducta de los israelitas y su relación con Dios y con los demás. Estas experiencias les recordaban que vivir según las instrucciones de Dios era importante y que la verdadera honra proviene del respeto y la fidelidad a Él. La Biblia nos dice que un corazón alineado con la Palabra de Dios puede evitar las consecuencias negativas de la vergüenza (ver Salmo 119:80).

Los estándares de Dios sobre lo que está bien y lo que está mal están diseñados para traer plenitud, abundancia y favor a nuestras vidas. Cuando seguimos estas directrices divinas, experimentamos los beneficios de vivir en alineación con Su voluntad (ver Deuteronomio 28:1; Isaías 48:17; Lucas 11:28). Sin embargo, cuando ignoramos estos estándares, invitamos la deshonra y la maldición a nuestras vidas. La consecuencia de apartarse de Dios y de Su justicia es clara: conduce a la vergüenza tanto ahora como en el juicio venidero (ver 2 Tesalonicenses 1:8; Romanos 6:23).

La buena noticia sobre la vergüenza es que ser restaurados a Dios trae libertad en el presente y elimina el temor a la vergüenza futura (ver Isaías 54:4).

El honor y la vergüenza en la sociedad grecorromana

En el mundo antiguo grecorromano, el honor y la vergüenza eran claves para organizar la sociedad y moldear el comportamiento y la interacción entre las personas. Estos conceptos giraban en torno a mantener una buena reputación y tomar en consideración el bienestar del grupo. La gente se apoyaba en un sistema llamado reciprocidad, en el cual los patronos y los clientes se ayudaban mutuamente. Los patronos ofrecían protección, recursos y apoyo, mientras que los clientes ofrecían lealtad, servicio y a veces regalos materiales o favores a cambio. Este acuerdo mutuamente beneficioso creaba vínculos sólidos, especialmente entre personas influyentes y aquellas de estatus social más bajo, fomentando la confianza y la cooperación. Estos lazos fortalecían a las comunidades, promovían el intercambio de recursos y conocimientos, y ayudaban a crear una sociedad estable y unida, en la que personas de diferentes orígenes podían trabajar juntas para el bien común.

La vergüenza y el honor funcionaban de la mano como herramientas de control social. El honor era una especie de moneda social que se ganaba al comportarse bien, seguir las normas y cumplir con los deberes. Con el honor venían el prestigio, un estatus más alto y la responsabilidad de proteger el honor de los demás. Por otro lado, si alguien se comportaba mal al mostrar falta de respeto por su papel en la comunidad, se le revocaba el honor, lo que llevaba a la exclusión, una reputación dañada y menos oportunidades. Aunque humillante, el propósito de la vergüenza era corregir y restaurar. La familia y sus allegados funcionaban de manera similar, reforzando sus valores y manteniendo el orden mediante un equilibrio cuidadosamente evaluado.

En la sociedad de la antigua Roma, el estatus dependía de factores como la riqueza, la educación, la habilidad para hablar en público, los antecedentes familiares y las conexiones políticas. El respeto lo otorgaban los demás, por lo que el concepto de "autoestima" no encajaba en ese contexto. El honor y la vergüenza se relacionaban con la cantidad de respeto o desaprobación que una persona recibía de sus amigos, familia y comunidad, no de sí misma. La presión social se consideraba algo normal y beneficioso.

Una perspectiva cristiana acerca del honor y la vergüenza

La visión cristiana del honor y la vergüenza difiere en cierto modo del pensamiento grecorromano, aunque los cristianos formaban parte de esa sociedad. En el Sermón del Monte, donde se enseñan los valores fundamentales del cristianismo, Jesús dijo: "Guardaos de hacer vuestra justicia delante de los hombres, para ser vistos de ellos; de otra manera no tendréis recompensa de vuestro Padre que está en los cielos" (Mateo 6:1, RVR1960). A diferencia de la alabanza pública que se buscaba en la cultura de Su tiempo, Jesús enfatizó la sinceridad y la verdadera motivación detrás de las acciones. Cambió el enfoque de buscar la aprobación de los demás a construir una relación personal con Dios, destacando que el verdadero honor se encuentra al vivir conforme a la voluntad de Dios, lo cual trae recompensas divinas. Las enseñanzas de Jesús nos desafían a vivir con autenticidad, no para recibir la aprobación de los hombres, sino para la gloria de Dios.

En el Nuevo Testamento, la vergüenza se relaciona tanto con la conducta como con el carácter. El pueblo de Dios es llamado a rechazar incluso las acciones vergonzosas hechas en secreto (ver 2 Corintios 4:2) y a evitar comportamientos que conduzcan a la vergüenza (ver Filipenses 1:20). Más allá de las expectativas religiosas o culturales, los creyentes deben actuar correctamente, no solo dentro de su comunidad de fe, sino también en el mundo en general. Desde una perspectiva bíblica, romper los mandamientos de Dios traía más vergüenza a un seguidor que quebrantar las normas de la sociedad grecorromana. Se les enseñaba a rechazar prácticas aceptadas por el mundo pagano o gentil si dichas prácticas iban en contra de las leyes de Dios (ver 1 Pedro 4:16).

La Palabra de Dios nos exhorta a vivir con rectitud, más allá de lo que el mundo aprueba, porque nuestro deseo es agradarle a Él por encima de todo. Debemos enfocarnos en el carácter interior y la integridad, reflejando las enseñanzas de Jesús en nuestra vida. Aunque no siempre obtengamos el favor del mundo, vivir de esta manera nos ayuda a evitar la vergüenza desde la perspectiva de Dios y nos convierte en un testimonio viviente del poder del Evangelio, trayéndole a Él la gloria.

En las Escrituras, la vergüenza aparece con frecuencia en discusiones sobre el pecado y la redención, lo cual resalta la importancia de comprender y abordar la vergüenza en nuestra vida espiritual.

La vergüenza pública a través de los tiempos

La vergüenza pública no es solo cosa del pasado. Desde la Edad Media hasta principios del siglo XIX, los criminales eran colocados en cepos —estructuras de madera instaladas en espacios públicos que sujetaban la cabeza y las manos— donde eran objeto de burlas, insultos y ataques con comida podrida. También eran comunes los azotes públicos y las sillas de inmersión (sillas en vigas largas que sumergían a los criminales en aguas profundas). Incluso tan recientemente como el siglo pasado, a las mujeres francesas acusadas de confraternizar con soldados alemanes durante la Segunda Guerra Mundial se les rapaba la cabeza como forma de humillación pública.

En algunas culturas contemporáneas de Asia y África, avergonzar a los niños se considera una expresión de amor y una guía moral. "Se trata de conexión, de reparar y honrar las relaciones", afirma la neurocientífica y psicóloga Lisa Feldman Barrett. Algunos amish practican un ritual de vergüenza llamado Meidung, basado en su interpretación de Mateo 18:15-17. En esta práctica, la comunidad impone una prohibición al infractor, y hasta su propia familia lo ignora de por vida. El objetivo es llevar al arrepentimiento y lograr su reintegración al grupo.

En la mayoría de las naciones desarrolladas ya no se utilizan castigos físicos, pero la vergüenza pública ha adoptado nuevas formas con el auge de la tecnología. Las redes sociales pueden amplificar y propagar rápidamente la humillación pública, a menudo con efectos devastadores. Históricamente, la vergüenza ayudaba a mantener la rendición de cuentas entre las personas; sin embargo, cuando alguien no valora su lugar dentro de una comunidad ni la opinión o los valores de los demás, debilita la estructura social y moral del grupo. Si alguien no se siente parte de tu comunidad, intentar presionarlo para que se ajuste a sus normas no funcionará, porque sin un sentido de pertenencia o compromiso, no se siente responsable. En esos casos, cuando tus normas no coinciden con sus valores, la vergüenza puede provocar una mayor resistencia al mensaje. Sin un propósito compartido o una rendición de cuentas mutua, los esfuerzos por imponer la conformidad pueden generar resistencia, resentimiento y división, en lugar de unidad y cooperación.

La efectividad de la vergüenza como herramienta de orientación social y moral solo funciona entre aquellos que valoran la comunidad.

En Romanos 16:17-19, Pablo reconoce la importancia de la obediencia y de mantener los estándares de la comunidad dentro de la iglesia. En lugar de avergonzar o presionar a quienes causan divisiones o ponen tropiezos, Pablo instruye a los creyentes a observarlos y evitarlos. Él enfatiza la necesidad de mantener distancia de tales personas en lugar de fomentar una cultura de vergüenza o presión social evidente. Pablo advierte que aquellos que actúan en contra de la Palabra de Dios deben ser evitados, porque podrían engañar a otros con palabras suaves y halagos.

Por supuesto, esto aplica únicamente a quienes afirman ser parte de la iglesia, pero no viven de acuerdo con los valores bíblicos, y no a las interacciones con personas fuera de nuestra comunidad de fe. En tales casos, avergonzar puede repeler y ofender, causando daño. En cambio, debemos compartir nuestra fe de manera que otros se sientan respetados y bienvenidos a explorar el cristianismo en un ambiente seguro. Al hacerlo, demostramos el amor de Cristo y creamos oportunidades para conversaciones significativas y crecimiento espiritual. Este enfoque honra a Dios y refleja Su gracia y compasión, invitando a otros a experimentar el poder de Su amor.

El Apéndice II ofrece una discusión adicional sobre la perspectiva cristiana de la vergüenza y su uso en el ámbito público. Sin embargo, era fundamental establecer una comprensión básica antes de abrir nuestro estudio sobre la vergüenza.

Vergüenza y vulnerabilidad: la perspectiva de una profesional

Brené Brown, profesora investigadora de la Universidad de Houston, conocida por su trabajo sobre la vulnerabilidad, la vergüenza y el valor, sostiene que, aunque la vergüenza es una experiencia universal, no contribuye a la formación de relaciones saludables.

La vergüenza es una experiencia humana común, pero no debe ser la norma ni una característica definitoria de relaciones sanas.

A menudo, la vergüenza bloquea la comunicación abierta, haciendo que las personas se retraigan o eviten conversaciones importantes. Esto puede generar resentimiento y desconfianza, aumentando el estrés y la ansiedad. Nuestras experiencias personales con la gracia y el perdón deberían motivarnos a reducir una cultura de vergüenza para tener una comunidad de fe más saludable. Como creyentes, tenemos la responsabilidad de crear y cultivar ambientes donde la vergüenza se minimice, permitiendo que nuestra familia espiritual viva de manera auténtica y plena en su identidad en Cristo.

Vivir una vida verdaderamente bendecida proviene de estar cerca de Dios y de Su pueblo. Incluso hoy en día, en una época en la que la influencia cristiana no es tan prominente en la vida pública y cultural, es crucial que los creyentes mantengan estándares comunitarios basados en las Escrituras. Estos no son simplemente reglas, sino caminos hacia una vida llena del favor y la protección de Dios. Al vivir conforme a la Palabra de Dios, podemos evitar las trampas de la vergüenza y disfrutar de la vida abundante que Él promete.

Al mismo tiempo, todos cometemos errores y dependemos de la gracia de Dios para mantener los lazos familiares. Por eso, aunque es importante mantenernos firmes en la verdad bíblica, también lo es cultivar una comunidad de fe que refleje la misericordia de Dios. Este cambio positivo ayuda a que las personas se sientan amadas y valoradas, a construir relaciones más fuertes y solidarias, y a reflejar el amor incondicional de Cristo, animando a todos a crecer en su fe.

Avanzando: Equipados para la libertad y una vida auténtica

Entender el contexto histórico y cultural de la vergüenza es esencial porque nos ayuda a reconocer su impacto en nuestras vidas hoy en día. Al aprender cómo la vergüenza ha sido usada y mal usada a lo largo de la historia, podemos enfrentarla y superarla mejor en nuestra jornada espiritual. Este conocimiento establece la base para liberarnos de la vergüenza y abrazar una vida más auténtica y plena en Cristo.

Este libro no está diseñado solamente para ofrecer información, sino también para equiparte con herramientas que te ayuden a vencer todo aquello que amenace tu libertad o disminuya tu vitalidad espiritual. No podemos darnos el lujo de cansarnos o volvernos complacientes; debemos desafiar toda forma de esclavitud espiritual que intente controlarnos. Esto incluye cualquier cosa que busque esclavizarnos por medio del retroceso espiritual o la carga opresiva de tratar de alcanzar la justicia por nuestros propios esfuerzos. Jesús lo pagó todo. Su gracia es suficiente. En Cristo, ya no somos cautivos, sino que dependemos continuamente del poder de Dios para sostenernos mientras vivimos en la libertad de la gracia (ver Romanos 5:21, 1 Pedro 5:12). El sacrificio de Cristo nos ha hecho libres, no para volver a la esclavitud, sino para vivir en libertad, gozo y propósito. Al negarnos a someternos a un yugo de esclavitud emocional, honramos Su obra y recibimos poder para vivir nuestro llamado como Sus seguidores.

La libertad significa deshacerse del yugo de la vergüenza y vivir nuestra fe con valentía y gozo.

Juntos, exploremos cómo silenciar la voz de la vergüenza, caminar con confianza en la verdad de nuestra identidad y encontrar gozo y propósito al vivir de manera auténtica para Cristo.

Resumen

A lo largo de la historia, la vergüenza ha desempeñado un papel importante en la formación del comportamiento humano y las normas sociales. Las perspectivas cristianas sobre el honor y la vergüenza enfatizan vivir conforme a los principios bíblicos y fomentar una comunidad que refleje la gracia y la justicia de Dios.

Idea clave

Entender el contexto histórico, cultural y bíblico de la vergüenza nos ayuda a reconocer su impacto en nuestras vidas y la importancia de abordarla para cultivar una comunidad de fe más saludable.

Puntos para reflexionar

- ¿Cómo han influido las normas sociales, el trasfondo cultural y las expectativas en tu comprensión, experiencia o expresión de la vergüenza?
- Reflexiona sobre cómo el remordimiento saludable —que promueve un crecimiento positivo, la responsabilidad y una verdadera transformación— se diferencia de la vergüenza destructiva, que puede ser manipuladora, paralizante y perjudicial. ¿Cómo puedes distinguir entre ambas en tu vida?

2 LA ANATOMÍA DE LA VERGÜENZA

Cómo nos afecta por dentro y por fuera

La vergüenza afecta todo nuestro ser: cuerpo, mente y espíritu. Puede desencadenar respuestas físicas involuntarias, afectar nuestra salud mental y debilitar nuestro bienestar espiritual.

El poder de la vergüenza

La vergüenza es una fuerza poderosa que puede paralizarnos, distorsionarnos y corroernos desde adentro. Se mueve en nuestro interior como una mano invisible, dejando tras de sí incomodidad física, angustia emocional y agitación espiritual.

Reacciones físicas ante la vergüenza

Cuando experimentamos vergüenza, reaccionamos de forma involuntaria en distintas maneras. Al sentirnos amenazados, nuestro cuerpo puede entrar en modo de lucha, huida o parálisis, provocando un aumento en la frecuencia cardíaca o la presión arterial. Algunos enrojecen o sudan en las palmas de las manos, la frente o las axilas.

Cuando la vergüenza afecta nuestra respiración —volviéndola más rápida o superficial— incrementa la ansiedad y la incomodidad. También puede causar tensión muscular, especialmente en el cuello, los hombros y la mandíbula. En algunos casos, puede provocar náuseas o problemas digestivos. Con el tiempo, la vergüenza crónica y el estrés emocional que la acompaña pueden resultar en fatiga, agotamiento y un sistema inmunológico debilitado, haciéndonos más propensos a enfermedades.

Impactos psicológicos de la vergüenza

La vergüenza puede afectar seriamente la salud mental. Puede generar culpa, vergüenza ajena y sentimientos de inutilidad que dañan la autoestima. También puede aumentar el sentimiento de insuficiencia y contribuir a una imagen negativa de uno mismo o incluso al autodesprecio. Cuando no se resuelve, la vergüenza a menudo conduce a la depresión, la ansiedad e incluso a pensamientos suicidas.

Las personas que temen la vergüenza asociada con el rechazo o el juicio suelen evitar la interacción social. La vergüenza crea muros invisibles, dificultando la comunicación abierta y la construcción de intimidad. Estas barreras tensan las relaciones con la familia, los amigos y otros, limitando su capacidad de conectarse a un nivel más profundo. Incluso quienes asisten regularmente a la iglesia pueden sentirse incapaces de formar vínculos genuinos dentro de su comunidad de fe debido a la vergüenza. Cuando las personas se retraen y aíslan, se rompen las redes de apoyo que necesitan para recibir ánimo y crecer. Este aislamiento puede llevar a sentimientos de soledad, lo que agrava aún más su sentido de indignidad y desconexión.

La vergüenza puede generar sentimientos de culpa, vergüenza ajena e inutilidad, los cuales dañan la autoestima y la salud mental.

Mecanismos de enfrentamientos nocivos

Para enfrentar la vergüenza, algunas personas —incluso cristianos— recurren a conductas dañinas, como el uso de sustancias para adormecer el dolor emocional. A veces, pueden llegar a autolesionarse, cortándose o quemándose, como una forma de sentir control o alivio. Estas acciones no solo causan daño físico, sino que también dejan cicatrices y aumentan los sentimientos de vergüenza, lo que lleva a más autolesiones. Otros desarrollan trastornos alimenticios como la anorexia, la bulimia o la ingestión de alimentos de manera compulsiva, los cuales tienen consecuencias graves para la salud. También hay quienes se vuelven agresivos, descargando su frustración en otros o usando la ira como mecanismo de defensa, lo que termina dañando sus relaciones y reforzando el sentimiento de no ser dignos.

Algunas personas intentan contrarrestar la vergüenza con perfeccionismo, pero al esforzarse por alcanzar estándares poco realistas, caen en ciclos de agotamiento, ansiedad y aún más vergüenza. El trabajo excesivo se usa con frecuencia para evitar enfrentar las emociones y puede funcionar como una forma indirecta de autocastigo. Conductas compulsivas como las compras, el juego o el uso excesivo del internet pueden generar problemas financieros y tensar las relaciones. Para ocultar la fuente de su vergüenza, algunos mienten o engañan, pero cuando la verdad finalmente sale a la luz, esto puede causar problemas aún más graves y una pérdida de confianza.

Las conductas que interfieren con nuestra vida diaria y con nuestra capacidad de sentirnos cómodos o participar en ciertos entornos pueden brindar un alivio temporal, pero los mecanismos de afrontamiento poco saludables nos mantienen atrapados en un ciclo de vergüenza y disfunción. Estas conductas obstaculizan nuestro crecimiento personal y espiritual. Por ejemplo, cuando tenemos miedo al fracaso o al rechazo, a menudo evitamos tomar riesgos o perseguir oportunidades, lo cual limita nuestro potencial para aprender y mejorar. Reconocer estos mecanismos de afrontamiento es un paso importante, y lo exploraremos con más profundidad en capítulos posteriores.

Consecuencias espirituales de la vergüenza

La vergüenza puede dañar gravemente nuestro bienestar espiritual al hacernos sentir distantes de Dios e indignos de Su amor. Esta separación espiritual puede convertirse en desesperanza y desánimo, dificultando nuestra participación en la oración, la adoración u otras prácticas espirituales. La vergüenza susurra mentiras como que somos imperdonables e irredimibles, pero estas tácticas engañosas del maligno contradicen el mensaje de gracia y redención que Dios ofrece a todos los que se vuelven a Él (Tito 2:11; 1 Juan 1:9).

Sentirse indigno del amor de Dios puede dificultar la aceptación de Su gracia y perdón. De hecho, cuando tememos el juicio, podríamos huir de Su presencia en lugar de abrazar Su amor y aceptación. Esto puede dar lugar a ciclos de descuido espiritual, en los que, mientras menos nos involucramos con nuestra fe, más avergonzados y aislados nos sentimos.

Además, la vergüenza puede distorsionar nuestra imagen de Dios, llevándonos a verlo como un juez severo en lugar de un Padre amoroso. Esta idea errónea puede dañar nuestra relación con Él, dificultando que confiemos en Sus promesas y dependamos de Su guía. Con el tiempo, este tipo de desconexión espiritual puede dejarnos sintiéndonos perdidos, sin dirección y sin apoyo.

La vergüenza también afecta nuestras relaciones con otras personas. Exploraremos esto con más detalle en el próximo capítulo, pero es importante recordar que Dios no nos creó para vivir aislados. Cuando la vergüenza nos aleja de nuestra comunidad de fe, perdemos la oportunidad de participar en actividades y relaciones que nos ofrecen apoyo y crecimiento espiritual.

La vergüenza nos hace sentir distantes de Dios e indignos de Su amor. Nos aísla de nuestra comunidad de fe, impidiendo una verdadera comunión y afectando nuestras relaciones con otros creyentes.

Rompiendo el ciclo

La buena noticia es que Dios nos ha dado lo que necesitamos para liberarnos de los efectos nocivos de la vergüenza. El sacrificio de Jesús en la cruz pagó el precio de nuestros pecados. A través de su amor, somos redimidos y restaurados. A medida que profundizamos en nuestra comprensión y aceptación de la gracia y el perdón de Dios, podemos comenzar a sanar, reconstruir y revitalizar nuestra relación con Dios y con los demás.

Resumen

La forma en que respondemos a la vergüenza impacta nuestra vida en múltiples niveles: físico, psicológico y espiritual. Puede desencadenar síntomas corporales, deteriorar la salud mental y afectar negativamente nuestro bienestar espiritual.

Idea clave

Aunque la vergüenza es una fuerza poderosa que nos afecta de muchas maneras, por la gracia de Dios y el sacrificio de Jesús podemos liberarnos de su dominio y reconstruir nuestra vida y nuestras relaciones.

Puntos para reflexionar

- ¿Cómo ha afectado la vergüenza tu bienestar físico, mental o espiritual?
- ¿Cómo han impactado tu vida diaria y tus relaciones con los demás los patrones de comportamiento que usas para ocultar o sobrellevar la vergüenza?

3 SILENCIO Y ESTANCAMIENTO

El poder paralizante de la vergüenza

La vergüenza no confrontada crea barreras que llevan a las personas a retraerse. Al apartarse de oportunidades para participar, avanzar y crecer, se privan de experimentar plenamente una vida de fe vibrante.

El poder paralizante de la vergüenza

La vergüenza es una parte normal de la experiencia humana, pero si no se confronta y se prolonga, puede impedir que los cristianos vivan plenamente su fe. Esto puede causar serios problemas a nivel personal, en las relaciones interpersonales e incluso dentro de la iglesia o la sociedad en general. Afrontar la vergüenza no siempre es un proceso sencillo, ya que implica emociones profundas y normas sociales. Arraigada en nuestras experiencias e influenciada por expectativas sociales, religiosas y culturales, la vergüenza puede ser difícil de identificar y procesar. Muchas personas también la evitan o niegan porque se sienten incómodas o temen hablar del tema.

Enfrentar la vergüenza es un proceso complejo que requiere considerar tanto los sentimientos individuales como las influencias sociales más amplias.

Silencio y aislamiento

Cuando la vergüenza nos impide buscar ayuda o compartir nuestras luchas, terminamos aislándonos. Sin una comunicación abierta y honesta, perdemos la oportunidad de recibir el alimento espiritual y el apoyo de nuestra comunidad cristiana, especialmente el crecimiento y la satisfacción que provienen de servir a los demás. En pocas palabras, la falta de conexión nos deja sin el respaldo que necesitamos. Si seguimos por ese camino, podríamos mantener una apariencia de piedad, pero perderemos la verdadera comunión, la rendición de cuentas y el ánimo necesario para crecer en nuestra relación con Dios.

Además, la vergüenza puede hacernos sentir indignos y proyectar esos sentimientos en los demás. Podemos interpretar erróneamente sus acciones o palabras como juicios, lo que provoca malentendidos y conflictos. Esto debilita las relaciones y perjudica la unidad y la salud de la iglesia. También dificulta el uso libre de los dones que Dios nos ha dado y nuestra participación. Al final, esto afecta nuestra salud espiritual y nos hace sentir menos productivos.

Creando una cultura para el crecimiento espiritual

Como cristianos, estamos llamados a gozarnos con los que se gozan, llorar con los que lloran, servirnos los unos a los otros y edificar la iglesia en amor (ver Romanos 12:15, Gálatas 5:13, Efesios 4:16). Al fomentar entornos marcados por la compasión y la empatía, podemos servir mejor a los demás y promover la sanidad emocional. Ayudar a las personas a superar la vergüenza tóxica no solo fortalece nuestra capacidad de resistir y recuperarnos de las dificultades, sino que también crea un entorno donde las personas se sienten cómodas para compartir y participar. Al establecer una cultura más abierta y acogedora, donde las personas se sientan seguras y respaldadas, podemos edificar congregaciones y familias más fuertes y saludables.

En lugar de imponer estándares imposibles, una perspectiva bíblica del cristianismo reconoce que las fallas y las imperfecciones son parte de la experiencia humana. En la práctica, esto implica escuchar sin juzgar, ofrecer apoyo sin intentar "arreglar" a los demás, estimular la comunicación transparente y permitir que las personas compartan sus luchas y reciban recursos, consuelo y oración. También incluye modelar la vulnerabilidad al compartir abiertamente nuestras propias experiencias y luchas, demostrando cómo la gracia de Dios nos ha ayudado a sanar. Esto requiere esfuerzo constante, educación y compromiso de toda la comunidad de fe para cultivar un entorno donde cada persona se sienta valorada y capacitada, mientras aprendemos a equilibrar mejor la responsabilidad personal y el crecimiento espiritual con la gracia y la libertad que provienen de Dios.

Superando la vergüenza con gracia

Los líderes y maestros deben asegurarse de que la gracia se entienda como algo más que un concepto o idea teológica. La gracia es un regalo, una experiencia vivida y una maestra en sí misma, que nos capacita para vivir con sabiduría y rectitud en nuestra devoción a Dios (ver Tito 2:11-12). Cuando apoyamos y animamos a otros, encarnando y compartiendo la esencia de la gracia en lugar de hacerlos sentir "menos que," les ayudamos a superar la vergüenza y a entrar en una fe más plena y liberadora.

Ya hemos hablado de cómo la vergüenza puede bloquear y distorsionar nuestra comprensión del amor y el perdón de Dios. Cuando sentimos vergüenza por errores del pasado o por nuestras aparentes deficiencias, a menudo nos sentimos indignos de Su amor. La verdad es que es imposible que alguien sea digno por sus propios méritos; la misericordia y la gracia de Dios son regalos disponibles para todos, en todo momento. Al saber que la vergüenza dificulta —más de lo que debería— que incluso los creyentes más sinceros acepten plenamente la gracia y la misericordia de Dios, debemos hacer nuestro mayor esfuerzo por apoyarnos mutuamente.

La iglesia debe vivir y promover un cristianismo auténtico que no proyecte una perfección inalcanzable sobre los demás.

Nunca fuimos diseñados para esconder nuestras luchas y vulnerabilidades. En cambio, la Palabra de Dios nos enseña a confesar nuestras faltas los unos a los otros —no solo nuestros pecados— y a orar los unos por los otros (ver Santiago 5:16). Para construir relaciones genuinas, debemos ser transparentes y auténticos. Dios diseñó la comunidad de fe para brindar apoyo mutuo y ánimo, no para representar una fachada de perfección o una actuación hipócrita.

El papel de la iglesia

Cuando los creyentes dudan de su dignidad o capacidad para servir en roles de liderazgo o en cualquier ministerio público, esto afecta su sentido de pertenencia y participación en la comunidad de fe. Esto desanima a los hijos de Dios que han sido llamados y capacitados para servir, impidiéndoles alcanzar su máximo potencial.

Paralizados por el temor al fracaso, al juicio o al rechazo, muchos dudan en dar el paso y usar sus dones y talentos. La duda personal les impide contribuir a la misión y comunión de la iglesia, lo que resulta en pérdidas tanto para el individuo como para la comunidad.

La vergüenza escondida en el alma impide que las personas sirvan y participen plenamente en la misión de la iglesia.

La vergüenza es una de las grandes fuerzas que apagan la voz del creyente y se convierte en enemiga del crecimiento de la iglesia y la propagación del Evangelio. Le roba al pueblo de Dios la confianza que necesita para compartir su fe con aquellos que necesitan sanidad, restauración o que están batallando con sus propios sentimientos de deshonra. No podemos simplemente resignarnos a las insuficiencias que el enemigo intenta asignarnos. La iglesia debe ofrecer ayuda y apoyo a quienes enfrentan situaciones que son tanto consecuencia como fuente de vergüenza, como la adicción, el abuso y las luchas emocionales. Abordar tanto la causa como el efecto es esencial para brindar un apoyo integral dentro de la comunidad de fe.

Aunque en algunos casos se requiere ayuda profesional, la iglesia tiene el deber de facilitar el acceso a recursos y ser un refugio de sanidad y restauración.

Abrazando tu identidad en Cristo

Quizá el recurso más poderoso para superar la vergüenza sea entender y aceptar el amor de Dios tal como es, sin contaminarlo con perspectivas distorsionadas. La historia del hijo pródigo en Lucas 15 es una poderosa ilustración de esto. Aunque el hijo cometió graves errores y se sintió indigno, el padre lo recibió con los brazos abiertos. Esta es una imagen vívida del amor incondicional y el perdón de Dios, y nos enseña que nuestra identidad no está definida por nuestras malas decisiones. En la familia de Dios, somos aceptados y recibimos gracia, sin importar lo que hayamos hecho, incluso si fue ayer, siempre que volvamos a nuestro Padre, quien está siempre dispuesto a recibirnos.

El perdón y la redención nos son dados únicamente a través del amor de Dios manifestado en la cruz de Cristo. Para vivir plenamente la vida que Dios ha planeado para nosotros, debemos reconocer que todos necesitamos por igual Su gracia y amor cada día. Pertenecemos a Él porque así lo quiso y decidió abrir un camino para vencer el pecado y unirnos a Él. Es porque estamos "en Él" que podemos abrazar la libertad y el gozo que ofrece a los suyos.

Una clave para superar la vergüenza es conocer tu identidad en Cristo.

Cuando sabes quién eres y comprendes que Jesús te ha liberado de las consecuencias del pecado y de la vergüenza, te das cuenta de que tu valor y dignidad no dependen de relaciones humanas, estándares terrenales, opiniones, logros ni fracasos.

Eres un hijo amado de Dios, creado a Su imagen y redimido por Su gracia. Esta verdad fundamental establece la base para una jornada transformadora— una jornada en la que tu identidad se convierte en tu ancla cuando enfrentas tormentas internas o presiones sociales.

Cuando tu identidad está en Cristo, es inquebrantable, aunque no siempre lo parezca, porque está cimentada en la naturaleza eterna e inmutable del amor y las promesas de Dios. Saber que eres una obra maestra de Dios, creada de nuevo en Cristo Jesús, te capacita para resistir la tentación de retroceder o limitarte. Puedes dar pasos hacia adelante y hacer las buenas obras que Dios preparó de antemano para ti (ver Efesios 2:10).

Vivir auténticamente en Cristo significa abrazar quién eres en realidad, tal como Dios te creó y reafirmó por medio de la redención. Significa caminar en la libertad de saber que eres completamente aceptado y amado por Dios. Esta autenticidad te permite relacionarte con otros de manera genuina, desarrollar tus dones y perseguir tu propósito divino con confianza y gozo. "Estad, pues, firmes en la libertad con que Cristo nos hizo libres, y no estéis otra vez sujetos al yugo de esclavitud" (Gálatas 5:1). Pablo les habló a los gálatas acerca de la libertad que Jesús ofrece, liberándonos de la esclavitud del pecado y de la carga imposible de tratar de ganar el favor de Dios por nuestros propios méritos.

En Cristo, somos libres porque Él cumplió por nosotros los requisitos de la Ley. Este don sagrado nos permite disfrutar de una vida nueva, fortalecida por la presencia de Dios en nosotros. El Espíritu de Dios que habita en nuestro interior nos capacita para amar y servir a otros de manera genuina, sin restricciones, sin temor y sin la necesidad de ganar aceptación. Pablo exhortó a la iglesia a mantenerse firme en esta libertad—a estar vigilantes y constantes frente a cualquier desafío que surja de dudas internas, presiones externas, enseñanzas engañosas o malas interpretaciones de las Escrituras. Aférrate a la verdad del Evangelio y vive con confianza y convicción.

Resumen

La vergüenza no tratada conduce al silencio y a quedarse estancado en el mismo lugar; nos aísla de los demás y frena nuestro crecimiento personal y espiritual. Para ayudarnos a nosotros mismos y a otros, debemos crear entornos que fomenten la comunicación abierta, la aceptación de nuestra humanidad y el amor de Dios.

Idea clave

La vergüenza puede paralizar, pero cuando abrazamos nuestra identidad en Cristo y promovemos una cultura de gracia y autenticidad en nuestras comunidades de fe, podemos vencer la vergüenza y prosperar espiritualmente.

Puntos para reflexionar

- ✧ ¿Cómo ha afectado la vergüenza tu capacidad de relacionarte con tu comunidad de fe y de usar los dones que Dios te ha dado?
- ✧ ¿Qué pasos puedes dar para abrazar más plenamente tu identidad en Cristo y fomentar un ambiente de gracia y autenticidad en tu vida y en tu comunidad?

4 LA AFLICCIÓN ESCONDIDA

Cómo la vergüenza afecta nuestra vida interior

La vergüenza provocada por traumas del pasado y heridas emocionales profundas causa un dolor que mantenemos escondido, pero el cuidado espiritual puede contrarrestar estos efectos y mejorar nuestra calidad de vida.

La interconexión entre lo espiritual y lo físico

Comprender la conexión entre nuestra vida espiritual y física es esencial para alcanzar una salud integral y un verdadero bienestar. Para vivir nuestra fe con autenticidad, gozo y propósito, es necesario reconocer cómo ambos aspectos —lo espiritual y lo físico— se afectan mutuamente. Es vital entender cómo la vergüenza, de manera silenciosa, puede afectarnos: deja cicatrices invisibles, moldea nuestros pensamientos sin que lo notemos, deteriora nuestra salud y muchas veces apaga la luz espiritual que Dios ha encendido en nosotros.

La palabra "aflicción" suele usarse para describir aquello que causa dolor o sufrimiento, y pocas cosas encajan mejor en esa definición que la vergüenza. Muchas veces nacida de traumas pasados, la vergüenza deteriora nuestra autoestima, impacta nuestra salud mental y debilita nuestro bienestar físico. Esta carga puede generar una profunda angustia emocional y psicológica. Emocionalmente, podemos experimentar llanto inexplicable, cambios bruscos de ánimo, sentirnos abrumados, desconectados o reaccionar de forma desproporcionada ante ciertas situaciones. En el plano psicológico, esta aflicción puede manifestarse como depresión, ansiedad, trastorno de estrés postraumático (TEPT) y otras condiciones mentales, con síntomas como pensamientos confusos, dificultad para concentrarse, preocupación constante, diálogo interno negativo y percepciones distorsionadas de la realidad. Ya sea que esta angustia se manifieste de forma inmediata o persista con el tiempo, lo cierto es que obstaculiza nuestra capacidad de construir relaciones saludables y nos impide vivir la vida plena que Dios desea para nosotros.

La vergüenza causa una profunda angustia emocional, muchas veces originada en traumas del pasado, generando sentimientos de inutilidad o falta de valor.

Efectos positivos del cuidado espiritual

El cuidado espiritual puede mejorar significativamente nuestro bienestar general. La oración, por ejemplo, es una herramienta poderosa. La Palabra de Dios nos anima a echar toda nuestra ansiedad sobre Dios, quien verdaderamente cuida de nosotros y puede ayudarnos (ver 1 Pedro 5:7). Él nos dio la oración como un regalo para nuestro beneficio. Orar diariamente, tanto a solas como en grupo, puede producir una profunda sensación de paz y calma. Los beneficios de la oración son numerosos: reduce la ansiedad, lo que puede disminuir la presión arterial y los niveles de cortisol, mejorando así la salud del corazón. La oración también puede ayudar a manejar el dolor y mejorar el sueño, permitiendo que el cuerpo se repare y regenere.

Los estudios científicos respaldan los efectos positivos de la oración para la salud. Un estudio realizado llegó a la conclusión de que las personas que oran regularmente tienden a tener niveles más bajos de estrés y depresión. La investigación también sugiere que la oración puede mejorar la actividad cerebral relacionada con el razonamiento superior y la resolución de problemas. Además, ensayos clínicos indican que los pacientes que oran, o por quienes se ora, suelen recuperarse mejor de cirugías y enfermedades que aquellos que no lo hacen.

Los principios bíblicos promueven un estilo de vida saludable. Evitar sustancias y conductas dañinas conduce a una mejor salud a largo plazo. El consuelo que brinda la Palabra de Dios durante el sufrimiento físico o emocional también nos fortalece. Los estudios muestran que los creyentes firmes que participan activamente en prácticas religiosas tienden a vivir más tiempo.

Los beneficios de una comunidad de fe

Formar parte de una comunidad de fe fomenta un sentido de pertenencia y apoyo, lo cual trae beneficios tangibles para la salud. Cuando estamos conectados con la familia de la iglesia, nuestro sistema inmunológico tiende a fortalecerse. Los lazos sociales y las prácticas compartidas brindan apoyo emocional y psicológico, aumentando nuestra salud mental y física. Ese sentido de pertenencia también nos ayuda a enfrentar los desafíos de la vida con mayor eficacia, reduciendo los problemas de salud relacionados con el estrés. En resumen, el apoyo y el ánimo que recibimos de una comunidad de fe pueden mejorar tanto nuestra salud física como mental, llevándonos a una vida más plena y equilibrada.

Una vida espiritual saludable puede reducir los síntomas físicos de la vergüenza, como el estrés y la ansiedad.

Venciendo la vergüenza a través de prácticas espirituales y la comunidad de fe

Las prácticas espirituales y la participación en una comunidad de fe pueden llenar nuestra mente y nuestro espíritu de paz y aceptación personal, elementos esenciales para sanar los efectos de la vergüenza. Una comunidad de fe solidaria en nuestras iglesias locales nos brinda un sentido de seguridad, permitiéndonos compartir abiertamente nuestras luchas, así como recibir ánimo y apoyo.

Sentirnos aceptados y saber que pertenecemos a la familia de Dios puede contrarrestar el aislamiento que muchas veces produce la vergüenza.

Un ambiente seguro, lleno de la presencia de Dios, nos ofrece oportunidades para sanar, ser libres, aprender nuevas formas de pensar y reconstruir nuestra confianza. Puede convertirse en un espacio seguro, donde, en la presencia de Dios y rodeados de Su pueblo, aprendemos a simplemente "ser": a vivir el momento presente. En ese espacio, podemos identificar las fuentes de las voces que nos atormentan y aprender a desprendernos del diálogo interno negativo. Aprendemos a hablarnos con amabilidad y verdad, usando las promesas contenidas en la Palabra de Dios.

Integrar la oración, la reflexión personal y el apoyo de nuestra comunidad puede disminuir considerablemente el dolor que causa la vergüenza.

En los próximos capítulos abordaremos pasos prácticos con más detalle, pero aquí te ofrecemos una breve introducción. Aparta un tiempo cada día para estar a solas con Dios. No se trata solo de hablarle, sino también de sentarte en silencio en Su presencia. Meditar en Sus promesas y en tu identidad en Cristo puede traer paz a tu mente y fomentar pensamientos positivos sobre ti mismo. Leer la Biblia, reflexionar en las Escrituras y llevar un diario devocional puede ayudarte a comprender y aplicar la Palabra de Dios, procesar tus emociones y dar seguimiento a tu crecimiento espiritual. Seguir los principios bíblicos para una vida saludable también contribuye al bienestar mental y espiritual.

Además de las prácticas personales, participar en la adoración congregacional fortalece y levanta nuestra fe. Los grupos pequeños y los estudios bíblicos brindan espacios donde compartir nuestras luchas, recibir perspectiva y ánimo mientras crecemos juntos en la fe. Practicar el rendir cuentas y servir a los demás también puede animarnos y darnos un sentido renovado de propósito.

Al incorporar los principios espirituales en nuestra vida diaria y colectiva, podemos vencer la vergüenza, nutrir nuestro espíritu y experimentar beneficios físicos y emocionales significativos que nos conducirán a una mayor plenitud espiritual y a una vida más productiva en Cristo.

Resumen

La vergüenza provoca un profundo dolor emocional y físico, muchas veces originado en traumas del pasado. Al reconocer la conexión entre nuestro ser espiritual y físico, e integrar prácticas espirituales junto con el apoyo de la comunidad, podemos comenzar a sanar y aliviar las aflicciones que causa la vergüenza.

Idea clave

El bienestar espiritual, emocional y físico puede mejorar significativamente a través de la oración y la participación positiva en una comunidad de fe.

Puntos para reflexionar

- ⬥ ¿De qué maneras la oración, la reflexión u otras prácticas espirituales pueden ayudarte a manejar los sentimientos de vergüenza y estrés, y cultivar un diálogo interior positivo y compasivo?
- ⬥ ¿Cómo contribuye a tu bienestar general el ser parte de una comunidad de fe que te apoya, y cómo puedes tú ayudar a que otros también se sientan seguros y apoyados?

5 EJEMPLOS NARRATIVOS

Historias de quienes rompieron el yugo de la vergüenza

Aunque son relatos ficticios, las historias que se presentan a continuación destacan el poder que puede ejercer la vergüenza, incluso sobre creyentes exitosos, y la necesidad que todos tenemos de la ayuda de Dios en nuestra jornada hacia la sanidad y la autenticidad.

La historia de Victoria

Victoria estaba sentada sola en su pequeño apartamento, mientras la tenue luz del atardecer proyectaba largas sombras por toda la habitación. El silencio era denso, solo interrumpido por el tic-tac de un viejo reloj en la pared. Miraba su reflejo en la ventana; sus ojos estaban cansados y enrojecidos de tanto llorar. La vergüenza la envolvía como una niebla espesa, sofocante e ineludible.

Años atrás, en un tiempo desesperado y difícil, Victoria tomó una decisión que la perseguía hasta el día de hoy. Había comprometido sus convicciones, impulsada por circunstancias que en aquel momento le parecían insoportables. Ese momento, ese solo acto, dejó una mancha aparentemente permanente en su alma. Aunque había buscado el perdón de Dios y tratado de enmendar sus errores, el incidente la hacía sentirse profundamente avergonzada e indigna.

Por fuera, Victoria parecía haber seguido adelante. Se había involucrado en las actividades de la iglesia, convirtiéndose en una líder de confianza, reconocida por sus ideas innovadoras y su dedicación inquebrantable. La gente la veía como una mujer segura y exitosa. Sin embargo, por dentro, la sombra de su pasado se alzaba imponente, como un recordatorio constante de lo poco que sentía valer. Cada elogio le parecía una burla, cada logro se sentía vacío. La fortaleza mental que la vergüenza había levantado dentro de ella la mantenía atrapada en una vida muy por debajo de lo que Dios tenía para ella, impidiéndole abrazar por completo la gracia y el perdón que ella misma predicaba a los demás.

La historia de Elizabeth

La jornada de Elizabeth fue una de lucha constante y sufrimiento silencioso. Había sido profundamente herida por un abuso que sufrió cuando era adolescente, lo cual le dejó cicatrices emocionales. Lo peor no fue solo el hecho en sí, sino la vergüenza que permanecía como un recordatorio tóxico de lo que había vivido. Aunque sabía en su mente que no había sido su culpa, seguía sintiéndose manchada y avergonzada, como si jamás pudiera liberarse de la marca que eso había dejado en ella.

En tiempos de adoración y oración, Elizabeth experimentaba un destello de libertad. En esos momentos preciosos, sentía cómo la presencia de Dios aligeraba sus cargas. Sin embargo, en el trajín del día a día, el peso de su pasado volvía a caer con fuerza sobre ella. La vergüenza por lo ocurrido se infiltraba en cada área de su vida, haciéndola dudar de su valor y de su dignidad para servir en la iglesia. Su vida de oración personal muchas veces estaba nublada por sentimientos de estar demasiado marcada como para recibir amor y bondad, ya fuera de parte de Dios o de los demás.

Elizabeth guardaba en secreto lo que había vivido, temerosa del juicio o la lástima que podría recibir si alguien se enteraba. Ese silencio creó una barrera emocional en sus relaciones, dificultándole confiar o conectar verdaderamente con otros. El miedo a que su secreto fuera descubierto sofocaba sus sueños y aspiraciones. Vivía con ansiedad constante, temiendo que los demás llegaran a verla como ella misma se veía: una víctima definida por su trauma, rota y sin posibilidad de reparación.

La historia de Michael

El pasado de Michael era una sombra que lo seguía a todas partes, incluso dentro de su vida de fe. En la universidad, estuvo involucrado en un escándalo que sacudió a su pequeña institución. Fue acusado de plagio en un trabajo de investigación; aunque él negó la acusación, no pudo demostrar con certeza su inocencia. La experiencia lo dejó humillado y aislado, con su reputación académica hecha pedazos. Eventualmente se transfirió a otra universidad, decidido a dejar atrás ese episodio y comenzar de nuevo.

Durante años, Michael trabajó arduamente para construir una nueva vida. Se convirtió en un líder respetado en su iglesia, conocido por su sabiduría y capacidad de orientación. Creía que finalmente había dejado su pasado atrás. Sin embargo, un rostro familiar de sus días universitarios volvió a aparecer.

Raymond, un antiguo compañero de clase y ahora un ministro respetado, había sido invitado a predicar para un servicio especial. Durante su presentación, Raymond divisó a Michael entre la congregación y le dirigió una leve sonrisa, que le hacía saber que lo había reconocido. Los recuerdos regresaron como una avalancha, y Michael imaginó lo que vendría: susurros sobre el escándalo, miradas de juicio y esa sensación tan conocida de deshonra. Su corazón comenzó a latir con fuerza y sintió cómo sus manos se humedecían. Estaba convencido de que Raymond mencionaría el pasado, exponiéndolo nuevamente a la vergüenza que tanto había intentado dejar atrás. La sola idea de que todos se enteraran y que su respeto ganado con tanto esfuerzo se derrumbara en un instante, le revolvía el estómago. Incapaz de soportar la ansiedad, Michael se retiró del servicio antes de tiempo, con el peso de la vergüenza oprimiendo su pecho.

Conexiones

Victoria, Elizabeth y Michael vivían en prisiones privadas llamadas vergüenza. Enfrentaban ciclos repetitivos de autocondena, culpa y una autocrítica excesiva. Cada uno se sentía atrapado por su pasado, incapaz de escapar del control implacable de la vergüenza.

Victoria sentía náuseas con frecuencia y había perdido el apetito. Elizabeth luchaba por dormir; sus noches estaban llenas de ansiedad e intranquilidad. Los músculos de Michael siempre estaban tensos, como si esperara que ocurriera una desgracia en cualquier momento.

A pesar de su fe firme y su participación activa en la iglesia, a Victoria, Elizabeth y Michael les costaba perdonarse a sí mismos y aceptar la verdadera libertad en Cristo. Pensamientos de duda y sentimientos de indignidad les robaban la confianza y el valor propio. Victoria, en momentos importantes, se congelaba inesperadamente; su mente se quedaba en blanco. Elizabeth evitaba a sus amigas, no respondía llamadas de su familia y se tomó una pausa de sus responsabilidades en la iglesia. Salir de su apartamento le resultaba abrumador, como si alguien la esperara afuera, listo para juzgarla una vez más. Los recuerdos de Michael se repetían en su mente como un ciclo interminable, haciéndolo sentir insuficiente.

Sin embargo, en lo profundo de cada uno de ellos, una pequeña chispa de esperanza seguía viva.

Al avanzar, con una chispa de esperanza en nuestro corazón, es importante recordar que nuestra jornada de la vergüenza a la libertad implica tanto nuestro esfuerzo personal como nuestra relación con Dios. También debemos recordar que el proceso de sanidad puede fortalecerse enormemente por medio del apoyo y el aliento que recibimos de nuestra comunidad de fe. Juntos, podemos enfrentar nuestro pasado, sanar las viejas heridas y caminar hacia la plenitud de lo que Dios nos creó para ser.

AHORA TE TOCA A TI:
La jornada hacia la libertad

Cuaderno devocional de 21 pasos hacia la transformación

"De modo que si alguno está en Cristo, nueva criatura es; las cosas viejas pasaron; he aquí todas son hechas nuevas".
2 Corintios 5:17

Bienvenido a tu jornada hacia la libertad. Durante los próximos 21 días, profundizaremos en la Palabra de Dios a través de este cuaderno devocional para comprender mejor nuestra verdadera identidad en Cristo, romper las cadenas de la vergüenza y dar pasos hacia la libertad. Cada semana nos enfocaremos en un tema, y el mensaje de cada día te guiará a reflexionar y aplicar lo aprendido. Nuestro objetivo es doble: adquirir conocimiento y luego usarlo para experimentar una transformación real. Ten listas algunas tarjetas para tomar notas y un bolígrafo; prepara tu corazón para identificar áreas de crecimiento.

¡Vamos a implementar cambios que impactarán tu vida de forma positiva!

Semana 1

Entendiendo la vergüenza y la redención

"Vengan, pongamos las cosas en claro", dice el Señor. "Aunque sus pecados sean como escarlata, quedarán blancos como la nieve. Aunque sean rojos como la púrpura, quedarán como la lana".
Isaías 1:18 (NVI)

6 LA LETRA ESCARLATA

Entendiendo la máscara de la vergüenza

Una "letra escarlata" es una metáfora de la vergüenza.

El Señor me dio este mensaje. En ese momento no entendí su significado, pero desde entonces, en mis viajes ministeriales, lo he compartido por todo el mundo. Se ha convertido en una palabra liberadora para la iglesia global, pues responde a la necesidad universal de vivir libres de la vergüenza.

En el año 2016, tenía programado predicar en una conferencia de mujeres en la Península Superior de Michigan; llevaba meses agendada. A medida que se acercaba la fecha, comencé a orar y a preguntarle al Señor qué quería que compartiera. Tenía muchos mensajes ya preparados, con objetos ilustrativos y recursos visuales, pero no quería simplemente repetir algo antiguo. Sentía que debía traer un mensaje nuevo, algo que realmente llegara al corazón de esas mujeres en particular. Así que le pregunté al Señor: "¿Qué quieres que diga?"

Oré por esto varias veces, pero seguía sin recibir dirección. Frustrada, me puse de pie y le dije al Señor: "Si no vas a hablarme, entonces me voy a almorzar." Salí de mi oficina y fui a la cocina, calenté algo de comida y me senté en la sala. Desde mi silla, miraba distraídamente por la ventana mientras comía, observando a nuestras gallinas —de distintos colores y tamaños— que andaban por el patio. Yo lo llamaba mi "acuario emplumado".

Cuando ocurrió, no estaba pensando en nada en particular. Fue como si mi mente se reiniciara, y una frase de tres palabras llegó de la nada. Esos pensamientos no eran míos —fue Dios quien puso esas palabras allí.

LA LETRA ESCARLATA

Inmediatamente supe que esa era la dirección que había estado buscando. No podría haberme sentido más sorprendida... ni más agradecida. Este mensaje se fundamenta en dos pasajes bíblicos clave: uno del Antiguo Testamento y otro del Nuevo.

"No temas; ya no vivirás avergonzada. No tengas temor; no habrá más deshonra para ti. Ya no recordarás la vergüenza de tu juventud ni las tristezas de tu viudez" (Isaías 54:4, NTV).

"Ahora, pues, ninguna condenación hay para los que están en Cristo Jesús". (Romanos 8:1).

Reflexión y aplicación

Reflexión bíblica
Escribe Isaías 54:4 en tu versión favorita de la Biblia:

_____

_____

_____

Reflexiona en este pasaje y escribe tus pensamientos y lo que sientes. ¿Cómo podrían aplicarse a ti estas palabras?

_____

_____

_____

_____

_____

Reflexión personal
¿En qué momentos de tu vida has sentido vergüenza? ¿Cómo crees que eso ha impactado tu relación con Dios y con otras personas?

_____

_____

_____

_____

_____

¿En qué áreas específicas de tu vida sientes que Dios te está llamando a soltar la vergüenza?

_____

_____

_____

Declaración de afirmación

Escribe lo siguiente en una tarjeta, o crea una declaración personalizada basada en la afirmación que aparece a continuación. Repítela en voz alta para ti mismo:

*Soy libre de mi pasado, porque el pasado ya terminó.
En este momento, elijo soltar toda vergüenza
y caminar en la libertad y la gracia que me han sido dadas
por Jesucristo. No hay condenación para mí. Soy una nueva
creatura, viviendo guiado por el Espíritu.*

Oración

Escribe una oración que incluya gratitud por el poder de caminar en una vida nueva.

_____
_____
_____
_____
_____

Reflexión adicional

Dedica unos minutos a una reflexión en silencio, considerando de qué maneras la vergüenza te ha detenido y cómo abrazar la gracia de Dios, puede impulsarte hacia adelante. Anota cualquier pensamiento, revelación o enseñanza que recibas durante este tiempo de reflexión.

_____
_____
_____
_____
_____
_____
_____

7 UNA INSIGNIA DE VERGÜENZA

Reconociendo Su presencia

Reconocer la vergüenza es el primer paso para superarla.

Una letra escarlata es el título de un libro muy conocido que formaba parte de la lista de lecturas obligatorias cuando yo estaba en la escuela secundaria. Escrito en el siglo XIX por Nathaniel Hawthorne, esta novela clásica es una historia compleja. Aquí solo nos enfocaremos en los detalles relevantes para el mensaje que nació de esta inspiración divina.

Nathaniel Hawthorne, oriundo de Nueva Inglaterra en el siglo XIX, fue profundamente influenciado tanto por el puritanismo como por el trascendentalismo. Los puritanos, un grupo religioso del siglo XVI y XVII, surgieron con la intención de purificar la Iglesia de Inglaterra. Promovían una forma de adoración más sencilla y disciplinada, así como una piedad personal rigurosa. A principios del siglo XVII, los puritanos se establecieron en Boston en busca de libertad religiosa y con la intención de formar una sociedad modelo basada en su interpretación de las Escrituras.

En contraste, los trascendentalistas creían que la realidad se descubría por medio del estudio y la reflexión, no a través de la Palabra de Dios. Sostenían que el ser humano era inherentemente bueno, pero que la sociedad y sus instituciones lo corrompían.

El choque entre las ideologías puritana y trascendentalista sirvió de trasfondo para la polémica de Hawthorne. *Una letra escarlata*, ambientada en el siglo XVII, comienza con el matrimonio forzado de Hester Prynne con Roger Chillingworth, un hombre mayor y médico brillante. Chillingworth envía a Hester por adelantado desde Inglaterra a la colonia de Boston para que prepare su hogar. Al no llegar durante mucho tiempo, se le da por perdido en el mar, dejando a Hester sola para enfrentar su nueva vida.

Creyendo que era viuda, Hester se involucró en una relación secreta y quedó embarazada. Se negó rotundamente a revelar la identidad del padre, incluso después del nacimiento de Pearl. Cuando su esposo, de quien estaba separada, llegó a Boston con la historia de haber naufragado y haber sido capturado, Hester siguió guardando en secreto el nombre del padre de su hija.

Rechazada por la comunidad, fue obligada a llevar una letra escarlata —la letra "A", finamente bordada con hilo dorado— como una insignia en el pecho. Esta insignia, impuesta como castigo, significaba que Hester era una adúltera, y no se le permitía aparecer en público sin ella.

La historia da muchos giros, pero lo que quiero resaltar es que la letra escarlata que Hester se vio obligada a llevar físicamente servía como una marca de humillación. Avergonzada. Deshonrada. Humillada. A dondequiera que iba, todos lo sabían. Escuchaba a las mujeres susurrar al pasar. Veía los dedos acusadores de los niños y las miradas de reproche de los hombres. Vergüenza. Literalmente la llevaba puesta como una insignia cada vez que salía en público.

Durante mi investigación sobre Nathaniel Hawthorne —cuyo padre murió en el mar cuando él tenía cuatro años, dejando a su familia en dificultades económicas— descubrí que su apellido original era Hathorne. Su tatarabuelo, William Hathorne, estuvo involucrado en la persecución y el castigo físico de cuáqueros en el siglo XVII. Su bisabuelo, John Hathorne, fue juez acusador durante los juicios de brujas de Salem. Para distanciarse de este legado de vergüenza, Nathaniel agregó una "w" a su apellido.

Irónicamente, al igual que Hester Prynne en su novela, Hawthorne conocía bien la vergüenza, y añadió una letra a su identidad como una forma de separarse del pasado controversial de su familia. Ese acto de modificar su apellido simboliza su intento de redefinirse a sí mismo y escapar de las sombras de la culpa heredada.

Reflexión y aplicación

Reflexión bíblica
Escribe Romanos 8:1 en tu versión favorita de la Biblia:

_____

_____

_____

Reflexiona en este pasaje y escribe tus pensamientos y lo que sientes. ¿Cómo podrían aplicarse a ti estas palabras?

_____

_____

_____

_____

_____

Reflexión personal
¿Qué significa para ti personalmente "ninguna condenación"? ¿Cómo podría abrazar esta verdad cambiar tu perspectiva acerca del pasado?

_____

_____

_____

_____

_____

_____

_____

_____

_____

_____

Declaración de afirmación
Escribe lo siguiente en una tarjeta, o crea una declaración personalizada basada en la afirmación que aparece a continuación. Dilo en voz alta, junto con la afirmación de ayer.

Soy libre de mi pasado.
En este momento elijo soltar toda vergüenza
y caminar en la libertad y la gracia que me han sido dadas
por Jesucristo.

Oración
Escribe una oración que incluya agradecimiento por la libertad de dar pasos positivos hacia adelante al enfrentar cualquier vergüenza persistente en tu vida.

_____
_____
_____

Reflexión adicional
Dedica unos minutos a una reflexión en silencio, considerando cómo el concepto de "ninguna condenación" puede transformar tu vida diaria y tus relaciones. Anota cualquier pensamiento, revelación o enseñanza que recibas durante este tiempo de reflexión.

_____
_____
_____
_____
_____
_____
_____
_____
_____
_____

8 NI SIQUIERA UN RASTRO

Borrando el impacto de la vergüenza

Borrar el impacto de la vergüenza implica tanto pasos espirituales como prácticos.

Cuando me di cuenta de que Dios me había dado la semilla que necesitaba para el mensaje, sonreí como el gato de Cheshire, me puse de pie de un salto y me dirigí a mi habitación. Sabía que ya tenía algo con qué trabajar, así que guardé esas palabras en mi corazón y comencé a sacar ropa del clóset. Mientras empacaba, encendí algo de música desde una aplicación que comparto con mi hija. No elegí ninguna emisora ni artista en particular; simplemente dejé que la música fluyera.

La canción que comenzó a sonar de inmediato captó por completo mi atención.

"*I See a Crimson Stream of Blood*" de G.T. Haywood (Veo un arroyo carmesí de sangre) llenó la habitación, y de pronto me invadieron las lágrimas. Una imagen vino a mi mente —al instante. La vi con tanta claridad, tan rápido. Vi una letra "A" roja siendo empapada y limpiada por la sangre de Jesús.

Veo un arroyo carmesí de sangre,
Que fluye desde el Calvario;
Sus olas, que alcanzan el trono de Dios,
Me están cubriendo.

A medida que las palabras penetraban en mi corazón, una oleada de gratitud por la sangre de Jesús me envolvió—una gratitud profunda por Su sangre derramada, que limpió por completo todo rastro de mi pecado—y del tuyo.

Esta limpieza no se parece a lavar una camisa y descubrir que aún quedan restos de la mancha que se resiste a salir del tejido. No es como esa corbata que regresa de la tintorería con la marca de grasa aún adherida, y terminas tirándola a la basura.

La sangre de Jesús hace una obra completa, eliminando todo rastro de cualquier pecado que haya estado alguna vez conectado con tu vida.

No queda mancha donde antes había pecado.
Ni siquiera hay una sombra ni una marca.

En términos legales, la expurgación ocurre cuando un tribunal ordena la eliminación o destrucción de los registros, especialmente los de una persona condenada por un delito. Esto significa que el historial criminal de esa persona es completamente borrado, como si la condena nunca hubiese existido.

Oh, la dulzura del perdón.

Dejé de empacar y corrí a la cocina. Tomando una hoja de papel de la lista del supermercado y un bolígrafo, escribí:

"Jesús cargó con tu vergüenza, tu pecado. Fue clavado en la cruz, para que tú ya no tengas que cargarlo más."

Dios desea liberar a Su pueblo para que camine con libertad en Su plan, Su propósito y Su poder.

Reflexión y aplicación

Reflexión bíblica
Escribe Isaías 1:18 en tu versión favorita de la Biblia:
_____
_____
_____

Reflexiona en este pasaje y escribe tus pensamientos y lo que sientes. ¿Cómo podrían aplicarse a ti estas palabras?
_____
_____
_____
_____
_____

Reflexión personal
¿Qué pecados o errores sientes que han dejado una marca en tu vida? ¿Cómo cambia tu perspectiva la imagen de ser hecho blanco como la nieve?
_____
_____
_____
_____
_____

¿De qué manera puedes aplicar la verdad de Isaías 1:18 en tu vida diaria?
_____
_____
_____
_____

Declaración de afirmación

Escribe lo siguiente en una tarjeta, o crea una declaración personalizada basada en la afirmación que aparece a continuación. Repítela en voz alta, junto con las afirmaciones anteriores.

> *He sido lavada por la sangre de Jesús; mis pecados han sido completamente borrados. Soy perdonada, libre y aceptada. Vivo en Cristo, y Cristo vive en mí.*

Oración

Escribe una oración que incluya agradecimiento por cómo la sangre de Jesús borra toda mancha.

_____
_____
_____
_____
_____
_____

Reflexión adicional

Dedica unos minutos a una reflexión en silencio, considerando cómo el concepto de "ninguna condenación" puede transformar tu vida diaria y tus relaciones. Anota cualquier pensamiento, revelación o enseñanza que recibas durante este tiempo de reflexión.

_____
_____
_____
_____
_____
_____
_____
_____
_____

9 NUEVAS PERSPECTIVAS

Transformando tu manera de ver la vergüenza

Transformar tu perspectiva sobre la vergüenza es crucial para lograr un cambio duradero.

La esperanza y la sanidad son dos de los temas que más disfruto compartir. Luego de haber experimentado personalmente el quebranto y el maltrato, sé que Dios es increíblemente bueno en ambas cosas. Sin embargo, muchas personas —aunque saben que Jesús pagó el precio por sus pecados y llevan en su corazón la esperanza del cielo— todavía se sienten encadenadas por la vergüenza.

Cuando no entendemos completamente que el sacrificio de Jesús también incluyó la vergüenza de nuestros pecados pasados, podemos desarrollar una visión distorsionada de nosotros mismos. Esa perspectiva equivocada es una ilusión peligrosa que puede arruinar vidas.

Hace algunos años, mientras conducía por las colinas de New Brunswick, el Señor me recordó el poder de una ilusión. Había llovido la noche anterior, y mientras manejaba de una iglesia a otra, seguía viendo lo que parecía agua brillante sobre la carretera, justo delante de mí. Pero al llegar a la cima de cada colina, no había agua en absoluto. Lo que veía era una ilusión óptica. Esto me hizo pensar en el hundimiento del "insumergible" Titanic.

Pasaron cincuenta años antes de que se pudiera determinar la verdadera causa. A lo largo de los años, se entrevistó a numerosas personas; testigos declararon bajo juramento y se sometieron a pruebas de polígrafo sobre lo que afirmaban haber visto, pero sus testimonios eran contradictorios. La razón era que, en realidad, habían "visto" cosas distintas. Un fenómeno óptico llamado super refracción desvió la luz y creó un espejismo. Este fenómeno, conocido como espejismo superior, produjo la ilusión de un horizonte falso.

Se dice que la noche en que se hundió el Titanic fue "absolutamente extraordinaria... una de las noches más tranquilas y despejadas en la historia del Atlántico Norte." La trágica colisión con el iceberg fue el resultado de una ilusión óptica. Las condiciones atmosféricas hicieron que quienes estaban de guardia vieran un horizonte tan liso que ocultó el iceberg hasta que fue demasiado tarde.

Hay poder en una ilusión.

Tener una perspectiva equivocada puede socavar tu vida. Creo firmemente que es la voluntad de Dios liberar a Su pueblo de las ilusiones y de las perspectivas erradas. En la última década, he visto cómo Dios ha usado el mensaje de *Ua letra escarlata* para transformar vidas de manera radical, y confío en que seguirá usando esta palabra para traer libertad.

Él quiere que entres en una nueva temporada: una versión más sana, más completa de ti mismo, tal como Él siempre quiso que fueras. Quiere que camines en una libertad mayor mientras cumples tu propósito en Él.

Reflexión y aplicación

Reflexión bíblica
Escribe 2 Corintios 10:5 en tu versión favorita de la Biblia:
_____
_____
_____

Reflexiona en este pasaje y escribe tus pensamientos y lo que sientes. ¿Cómo podrían aplicarse a ti estas palabras?
_____
_____
_____

Reflexión personal
¿Qué perspectivas equivocadas o ilusiones has enfrentado en tu vida? ¿Cómo han afectado tu relación con Dios y con los demás?
_____
_____
_____
_____
_____

¿Cómo puede el hecho de abrazar la verdad de 2 Corintios 10:5 transformar tu perspectiva y tu vida?
_____
_____
_____
_____

Declaración de afirmación

Escribe lo siguiente en una tarjeta, o crea una declaración personalizada basada en la afirmación que aparece a continuación. Repítela en voz alta, junto con las afirmaciones anteriores.

Soy capaz de reconocer y rechazar ilusiones engañosas y perspectivas equivocadas. Abrazo la verdad de quién soy en Cristo. Mi mente es renovada por Su Palabra, y camino en la realidad de la verdad de Dios y en mi destino en Él.

Oración

Escribe una oración que incluya agradecimiento por la capacidad de discernir entre lo que es verdadero y lo que es una ilusión falsa.

_____
_____
_____
_____
_____
_____
_____

Reflexión adicional

Dedica unos minutos a reflexionar en silencio, considerando cómo la verdad de Dios puede transformar tu perspectiva e impactar tu vida. Escribe cualquier revelación o enseñanza que recibas durante este tiempo de reflexión.

_____
_____
_____
_____
_____
_____
_____
_____
_____

10 LIBERTAD A TRAVÉS DE LA OBEDIENCIA

La obediencia a la Palabra de Dios nos guía a una vida libre de vergüenza

Dios me dio este poderoso mensaje para que lo compartiera con Su iglesia porque Él quiere que Sus amados hijos sepan que nadie tiene que vivir con una perspectiva equivocada. La verdad de que Jesús no solo pagó el precio por nuestros pecados, sino que también cargó con nuestra vergüenza, es para ti, para las personas que amas y para aquellos con quienes trabajas. Piénsalo bien: toda culpa o deshonra que hayas experimentado ha sido lavada... eliminada para siempre.

Las misericordias de Dios son nuevas cada mañana, y cada vez que nos volvemos a Él, nos ofrece un nuevo comienzo—sin condenación y sin condiciones. Comprender esta verdad podría transformar radicalmente tanto la iglesia local como la iglesia global.

Tal vez ya sabes que Jesús pagó el precio por tu pecado, ¿pero sabías que también llevó tu vergüenza?

El pecado y la vergüenza no son lo mismo.

Jesús no solo llevó tus dolores, tristezas y enfermedades. Él también tomó tu vergüenza, para que no tengas que sentirte avergonzado por aquello que ya está "bajo la sangre". La sangre aplicada a través del bautismo lava tu pecado cuando invocas el nombre del Señor (Hechos 2:38; 22:16).

Dios no quiere que Su pueblo cargue con una vergüenza debilitante, opresiva y paralizante. La vergüenza condena, pero la Palabra de Dios dice que no hay condenación para los que están en Cristo Jesús (Romanos 8:1; Gálatas 3:26). La mayoría de los creyentes están familiarizados con estos pasajes, aun así, algunos sienten que no pueden salir del velo invisible que los rodea, que los persigue. La vergüenza es algo poderoso. Es una camisa de fuerza que nunca fuiste destinado a llevar. Es tiempo de quitártela y caminar en verdadera libertad.

El salmista escribió: "Y andaré en libertad, porque busqué tus mandamientos" (Salmo 119:45, RVR1960). La palabra "y" al inicio del versículo lo conecta con el anterior, que habla de guardar la Ley. Sabemos que ninguno de nosotros puede guardar cada ley perfectamente, sin embargo, Dios no presenta el ser justificado delante de Él como algo imposible. Gálatas 3:13 nos dice que Jesús nos redimió de la maldición de la Ley haciéndose maldición por nosotros. Por lo tanto, nuestra obediencia no está basada en la tarea imposible de cumplir cada mandamiento a la perfección. El propósito es buscar y vivir conforme a los preceptos de Dios. Al hacer esto, con la redención de Cristo capacitándonos, nuestra obediencia produce el "fruto" de andar en un lugar amplio. Experimentamos una sensación de libertad y amplitud que solo puede venir de vivir en armonía con Dios.

Esta es la Palabra de Dios, y es Su plan para ti. Sin embargo, hay un enemigo que intenta convencernos de que no somos realmente libres mientras no nos liberemos de toda restricción que la Ley de Dios pueda imponer. Vienen tentaciones que nos invitan a elegir lo que termina esclavizándonos en lugar de lo que nos libera (Romanos 6:16). A veces la tentación es rendirse ante nuestros pensamientos y emociones que repiten mensajes negativos como: "No eres suficiente." "¿Recuerdas lo que hiciste?" "¿Sabes lo que la gente va a pensar de ti?"

Cuando nacemos de nuevo, somos bautizados y llenos del Espíritu, y caminamos alineados con Dios y Su Palabra, entonces somos verdaderamente libres. Comprender la libertad solo en teoría, sin vivirla, no es verdadera libertad. ¡Podemos vivir libres de verdad! Libres, plenamente, sin restricciones mentales— en la mente, que es el centro de mando de nuestra vida. Si amamos Su Ley—Sus palabras de instrucción—podemos caminar en Su libertad (Salmo 119:145).

¡Camina en lo amplio!

Sé libre de toda conducta dominante o de circunstancias opresivas que te hayan sido impuestas injustamente. Cristo te ha hecho libre y te ha dado la libertad y el libre albedrío para escoger tu propio camino. La libertad en Cristo es una emancipación que termina con la autoridad legal que el padre de mentira una vez tuvo sobre tu vida—con los efectos del pecado que conducen al quebranto y, finalmente, a la muerte. Con esta libertad, Jesús te otorga nuevos derechos y responsabilidades. Dios transforma tu vida para siempre.

Libertad a través de la obediencia: La obediencia a la Palabra de Dios nos guía a una vida libre de vergüenza

Reflexión y aplicación

Reflexión en el pasaje bíblico
Escribe el Salmo 119:45 en tu versión favorita de la Biblia:

___

___

___

Reflexiona sobre el pasaje y escribe en tu cuaderno de notas tus pensamientos y sentimientos. ¿De qué manera podrían aplicarse estas palabras a tu vida?

___

___

___

___

___

Reflexión personal
¿Qué significa para ti la verdadera libertad en Cristo? ¿Cómo la has experimentado en tu vida?

___

___

___

___

___

¿Cómo puede el hecho de abrazar los preceptos de Dios conducirte a una mayor libertad en tu caminar diario con Él?

___

___

___

Declaración de afirmación
Escribe lo siguiente en una tarjeta, o crea una declaración personalizada basada en la afirmación de abajo. Repítela en voz alta, junto con las afirmaciones anteriores.

He sido liberado (tiempo pasado) de las burlas y tormentos de la vergüenza por el amor de Dios y el sacrificio que Jesucristo hizo por mí. Cada día elijo recordar esta verdad y vivir en el amplio espacio de la libertad.

Oración
Escribe una oración en la que agradezcas a Dios por la capacidad de elegir libremente caminar con Él, sin restricciones por ningún poder activo en este mundo.

_____

_____

_____

_____

_____

_____

Reflexión adicional
Dedica unos minutos a una reflexión en silencio, considerando el profundo impacto de vivir en la libertad que proviene de la obediencia a la Palabra de Dios. Escribe las percepciones o revelaciones que recibas durante este tiempo de reflexión.

_____

_____

_____

_____

_____

_____

_____

_____

11 VERDADERAMENTE LIBRES

Creyendo en tu liberación

*Abrazar la verdadera libertad requiere
un compromiso constante de vivir en la gracia de Dios.*

Jesús te liberó para que puedas servir a Dios sin restricciones, sin estar atado por dudas ni susurros. Tienes el poder para controlar tus pensamientos y seguir la voluntad de Dios — para vivir conforme a tu verdadero propósito. Ya no eres esclavo del pecado; Jesús te ha dado la autoridad para elegir cómo vivir, con una libertad que te permite servirle a Él y a los demás con gozo y sin temor — con el corazón abierto y sin miedo.

Las emociones son un regalo de Dios, pero nunca fueron diseñadas para gobernarte. A veces, tienes que tomarte por el cuello, mirarte a los ojos y declarar con firmeza: "¡Emociones, ustedes no me gobiernan!"

Las sentimos. Entendemos lo que nuestras emociones están diciendo, y tal vez haya algo de verdad en lo que te quieren comunicar, pero esa ya no es tu verdad. Puedes elegir permitir que la Palabra de Dios gobierne tu vida.

Aunque los sentimientos son una parte importante de nuestra humanidad, no podemos permitir que dicten nuestras acciones o decisiones. Es esencial reconocer y comprender tus emociones, pero también mantener la capacidad de pensar con claridad y actuar conforme a tus valores y principios. Al tomar el control de tus emociones, puedes asegurarte de que te sirvan a ti, en lugar de tú servirles a ellas. Cuando estás alineado con Dios, no hay límites para lo que Él puede hacer en y a través de tu vida.

No lo malinterpretes: es correcto sentir culpa si estamos viviendo con un pecado no arrepentido. Pero Jesús no quiere condenarnos. Él nos impulsa a experimentar Su gracia. La convicción que viene de Dios es Su misericordia en acción: es nuestro Padre amoroso extendiendo Su mano para mostrarnos un camino mejor. Puede que nos sintamos incómodos mientras Él nos habla al respecto, pero nos ofrece una mejor manera de vivir para ti y para mí. La buena noticia es que, cuando nos arrepentimos y fuimos bautizados, ¡Jesús tomó nuestro pecado y lo separó de nosotros!

¡No tener más pecado significa no tener más vergüenza!

Cualquiera que haya sido bautizado por más de unos pocos días sabe que nadie se comporta correctamente el 100 por ciento del tiempo. A pesar de esta realidad, el sacrificio de Cristo sigue siendo perfecto y continúa obrando perfectamente en nosotros.

La sangre nunca perderá su poder. Jesús fue a la cruz por todo pecado: el del pasado, el del presente y el del futuro. Fue por todas las personas que nacieron y murieron antes de Su encarnación. Fue al Calvario por el pecado de hoy. Si te has equivocado, puedes corregirlo. Hoy es el día de salvación (2 Corintios 6:2). Jesús fue al Calvario por el pecado de mañana. Dios sabe que somos polvo, pero aun así se acuerda de nosotros, incluso en nuestro estado caído (Salmo 8:4). Él viene y nos visita. Nos da poder. Nos restaura. Nos sana. Nos ama.

Jesús hizo una declaración clara: "Así que, si el Hijo os libertare, seréis verdaderamente libres" (Juan 8:36). Me encanta que Jesús incluyera la palabra "verdaderamente" en este pasaje. Técnicamente, es una redundancia —una que un editor probablemente eliminaría—. Pero Jesús quiso que esa palabra quedara registrada. Quiso que entendiéramos la magnitud de lo que estaba diciendo, que hablaba en serio, y que sigue teniendo el mismo significado hoy.

"Verdaderamente" en este versículo es como un signo de exclamación del Espíritu Santo. Significa que ¡eres libre! "Verdaderamente" quiere decir "de verdad" y "en realidad". Significa que "es un hecho". Eres libre, verdaderamente. Es real. Es cierto. Para todo creyente. Es cierto hoy y seguirá siéndolo mañana.

Dios sabía que habría momentos en los que nos costaría aceptar Su realidad, cuando nuestra percepción estuviera nublada por pensamientos internos o presiones externas. Sabía que hay personas que creen Su Palabra para otros, pero no para sí mismos. Sin embargo, Su Palabra es firme y verdadera para cada uno de nosotros, sin importar cómo nos sintamos. ¡Somos verdaderamente libres!

REFLEXIÓN Y APLICACIÓN

Reflexión en el pasaje bíblico
Escribe Juan 8:36 en tu versión favorita de la Biblia:

_____
_____
_____

Reflexiona sobre el pasaje y escribe en tu cuaderno de notas tus pensamientos y sentimientos. ¿De qué manera podrían aplicarse estas palabras a tu vida?

_____
_____
_____

Reflexión personal
¿Cómo la verdad de ser "verdaderamente libre" desafía tu comprensión actual de la libertad en Cristo?

_____
_____
_____

¿Qué pasos puedes dar para vivir esta libertad de una manera más plena en tu vida diaria?

_____
_____
_____
_____

Declaración de afirmación

Escribe lo siguiente en una tarjeta, o crea una declaración personalizada basada en la afirmación de abajo. Repítela en voz alta, junto con las afirmaciones anteriores.

> *¡Soy verdaderamente libre! ¡Es un hecho y es mi realidad! Es cierto hoy, y lo será mañana. Estoy autorizado y facultado para servir a Dios sin restricciones ni dudas. Estoy caminando en el amor inquebrantable de Dios con gozo y paz.*

Oración

Escribe una oración en la que agradezcas a Dios por las nuevas herramientas y el entendimiento de lo que significa la verdadera libertad y cómo esto se aplica a tu vida.

_____
_____
_____
_____
_____

Reflexión adicional

Dedica unos minutos a una reflexión en silencio, considerando el impacto de vivir en la libertad que proviene de ser "verdaderamente libre" en Cristo. Escribe las percepciones o revelaciones que recibas durante este tiempo de reflexión.

_____
_____
_____
_____
_____
_____
_____
_____
_____

12 UNA FUENTE QUE FLUYE

Experimentando una renovación continua

*La gracia de Dios es como una fuente que fluye,
ofreciendo renovación y frescura continua.*

El día en que Dios me dio este mensaje, después de escribir las palabras en mi cuaderno de notas en la cocina, me apresuré a volver a mi habitación para seguir empacando. Otra canción comenzó a sonar desde la aplicación de música, y me sorprendí muchísimo—realmente quedé impactada. No había seleccionado ninguna estación, y las canciones que se reproducían no estaban en mi lista habitual. Sentí como si el Espíritu Santo hubiera tomado el control de mi iPad, de mi mente y de mi espíritu. Las lágrimas comenzaron a correr por mi rostro al escuchar las palabras del antiguo y conocido himno "There is a Fountain Filled with Blood" (Hay una fuente llena de sangre).

Esta canción, compuesta por William Cowper, fue escrita durante una etapa muy difícil de su vida. Tras la muerte de su madre cuando tenía seis años, el padre de Cowper lo envió a un internado donde sufrió acoso escolar. A lo largo de su vida enfrentó grandes dificultades emocionales, sintiéndose rechazado por su padre y siendo impedido de casarse con la mujer que amaba. Ya en su adultez, cuando se cuestionó su nombramiento como Secretario de Registros en la Cámara de los Lores, sufrió un ataque de pánico severo que le costó el puesto y lo sumió en una profunda depresión, incluyendo un tiempo en un hospital de salud mental.

Fue durante esa temporada oscura, marcada por el dolor acumulado, que Cowper se volvió a Dios. Después de su conversión, escribió muchos himnos, incluyendo "There is a Fountain Filled with Blood," basado en Zacarías 13:1: "En aquel tiempo habrá un manantial abierto para la casa de David y para los habitantes de Jerusalén, para la purificación del pecado y de la inmundicia". Este mensaje tan profundo, con su vívida imagen, continúa inspirando a los creyentes a contemplar con asombro el poder salvador de la sangre de Jesús.

"Hay una fuente llena de sangre,
extraída de las venas de Emanuel,
y los pecadores, sumergidos en esa corriente,
pierden toda mancha de culpa:
pierden toda mancha de culpa,
pierden toda mancha de culpa;
y los pecadores, sumergidos en esa corriente,
pierden toda mancha de culpa".

Mientras escuchaba las palabras que salían del iPad, la palabra *"toda"* resaltó con tanta fuerza. Dios no ha tomado parte de nuestro pecado o vergüenza para guardarlo en su bolsillo y sacarlo algún día como una trampa. Él dijo lo que dijo, y aún hoy —y mañana— sigue siendo verdad. En otras palabras, no solo parte del pecado ha sido quitado, sino todo el pecado y toda la mancha del pecado han desaparecido para siempre.

Este himno habla de restauración. Así como un vehículo dañado puede ser restaurado hasta parecer y funcionar como si el accidente nunca hubiera ocurrido —sin abolladuras, rayones ni defectos—, Dios puede restaurar un corazón a una condición como si el daño nunca hubiese sucedido.

El sacrificio de Jesús en la cruz ocurrió en un instante, pero no fue un evento único. Es una fuente interminable de gracia y misericordia que continuamente nos limpia y nos renueva. Imagina una fuente que fluye con amor y perdón, que arrastra cada error y cada remordimiento. Eso es lo que Jesús nos ofrece, cada día.

Reflexión y aplicación

Reflexión bíblica
Escribe Zacarías 13:1 en tu versión favorita de la Biblia:

_____

_____

_____

Reflexiona en el pasaje bíblico y escribe en tu diario lo que piensas y sientes. ¿Cómo podrían aplicarse estas palabras a tu vida?

_____

_____

_____

_____

Reflexión personal
¿Cómo influye en tu visión de ti mismo y de tu pasado el hecho de comprender la perfección de la purificación de Dios?

_____

_____

_____

_____

¿Qué pasos puedes dar para vivir cada día en la realidad de la restauración Dios?

_____

_____

_____

Declaración de afirmación

Escribe lo siguiente en una tarjeta o crea una declaración personalizada basada en la afirmación que aparece a continuación. Repítela en voz alta junto con las afirmaciones anteriores.

Elijo que mi vida refleje la obra completa de la cruz, para la gloria de Dios, quien está abriendo mis ojos a una visión verdadera de restauración que toca mi corazón, mi mente y mis emociones. Mi ser interior y eterno puede ser completamente restaurado, como si nunca hubiera sido herido.

Oración

Escribe una oración que exprese tu gratitud por la sanidad completa, así como por la restauración y el crecimiento continuo.

_____
_____
_____
_____
_____
_____

Reflexión adicional

Tómate unos minutos para reflexionar en silencio, considerando el impacto de vivir en la plenitud de la restauración de Dios. Escribe cualquier pensamiento o revelación que recibas durante este tiempo de reflexión.

_____
_____
_____
_____
_____
_____
_____
_____

Comparte el mensaje

Piensa en una persona que conozcas y que podría beneficiarse al escuchar lo que estás aprendiendo. Comparte con ella lo que has experimentado esta semana acerca de obtener libertad de la vergüenza al comprender su naturaleza y el proceso de redención.

Compartí con: _____

Fecha: _____

Semana 2

Reclamando tu nueva identidad en Cristo

"Quien en ti pone su esperanza jamás será avergonzado".
(Salmo 25:3, NVI)

13 DE LA VERGÜENZA A LA GLORIA

Aceptando la redención de Dios

La redención de Dios transforma nuestra vergüenza en gloria.

Jesús fue al Calvario para destruir las obras del diablo (1 Juan 3:8). Como el autor y consumador de nuestra fe, fue a la cruz por el gozo puesto delante de Él. La versión Reina-Valera dice que "sufrió la cruz, menospreciando el oprobio" (Hebreos 12:2), y lo hizo por nosotros.

"Menospreciando" se traduce mejor como "ignorando" o "no tomando en cuenta". Jesús ignoró la vergüenza. Despreció el oprobio. Lo que experimentó no tuvo poder sobre Él, porque lo que tenía en mente—tu redención y la mía—era mucho más grande que cualquier deshonra o humillación que Él pudiera haber vivido.

Jesús soportó voluntariamente el sufrimiento y la humillación de la crucifixión, considerando que la vergüenza era insignificante en comparación con el propósito mayor de la redención. Enfrentó la máxima deshonra y el dolor más profundo, pero su mirada estaba puesta en el gozo y la victoria de cumplir el plan de Dios para la salvación de la humanidad. Al rechazar la vergüenza y elevarse por encima de ella, Jesús demostró su profundo compromiso de redimir a la humanidad. Para Él, la cruz no fue una fuente de deshonra, sino un paso necesario hacia el triunfo sobre el pecado y la muerte.

Él te vio a ti y me vio a mí, aun en medio de nuestro quebranto y rebeldía, y nos consideró dignos del precio que pagó. Pensó que yo valía la pena. Pensó que tú valías la pena.

En mi infancia, tenía una percepción equivocada de Dios. Me lo imaginaba en el cielo con un mazo, como en esos juegos donde golpeas al topo. Solo esperaba que yo fallara... otra vez... para darme un golpe en la cabeza y recordarme cuán grande es Él y cuán pequeña soy yo. Pero esa no es Su perspectiva en absoluto. Cuando fallamos, Dios quiere que nos levantemos... ¡y que lo hagamos una y otra vez! (Miqueas 7:8; Salmo 37:23-24).

Jesús fue al Calvario con gozo por ti y por mí (Hebreos 12:2).
- Le escupieron el rostro—una tremenda ofensa y humillación (Mateo 26:67).
- Colgado desnudo, su cuerpo fue brutalmente maltratado y golpeado (Juan 19:1, 23).
- Fue castigado para que nosotros pudiéramos ser perdonados (Isaías 53:5).
- Fue herido para que nosotros pudiéramos ser sanados (Isaías 53:5).
- Fue rechazado para que nosotros pudiéramos ser aceptados (Isaías 53:5).
- Fue cortado para que nosotros pudiéramos ser injertados (Isaías 53:8).
- Fue hecho pecado (tu pecado y el mío), para que nosotros fuésemos hechos justos (2 Corintios 5:21).
- Cargó con nuestra vergüenza para que nosotros pudiéramos llevar Su gloria (1 Pedro 2:24).

La vergüenza y la gloria nunca fueron diseñadas para ser llevadas en el mismo paquete, en la misma vasija. Hebreos 2:9-10 nos dice que, por causa del padecimiento de muerte, Jesús fue coronado de gloria y honra, y que llevaría a muchos a la gloria.

Tú y yo podemos ser parte de esos "muchos": coronados de gloria y honra.

El autor de Hebreos no hablaba de una gloria terrenal, sino de una gloria celestial—una gloria inmerecida por quienes la reciben. Es tuya, y está disponible ahora mismo. ¡Estaba disponible ayer! ¿Por qué esperar?

Reflexión y aplicación

Reflexión bíblica

Escribe 1 Juan 3:8 en tu versión favorita de la Biblia:

Reflexiona en el pasaje bíblico y escribe en tu diario lo que piensas y sientes. ¿Cómo podrían aplicarse estas palabras a tu vida?

_____
_____
_____

Reflexión personal

¿Cómo impacta tu manera de ver tu propia vergüenza el comprender que Jesús despreció la vergüenza en la cruz?

_____
_____
_____
_____
_____

¿Qué pasos puedes dar para vivir más plenamente en la gloria que Jesús te ha dado?

_____
_____
_____
_____
_____
_____
_____
_____

Declaración de afirmación

Escribe lo siguiente en una tarjeta o crea una declaración personalizada basada en la afirmación que aparece a continuación. Repítela en voz alta junto con las afirmaciones anteriores.

> *¡Soy redimido y coronado de gloria! ¡La vergüenza no tiene poder sobre mí! Mi deuda fue pagada, y ahora he sido hecho justo. Participo de la victoria de Jesús.*

Oración

Escribe una oración en la que agradezcas a Dios por el gran intercambio: tu vergüenza por Su gloria.

_____
_____
_____
_____
_____
_____

Reflexión adicional

Dedica unos minutos a una reflexión en silencio, considerando el impacto de vivir en la gloria que Jesús te ha dado. Escribe las percepciones o revelaciones que recibas durante este tiempo de reflexión.

_____
_____
_____
_____
_____
_____
_____
_____
_____

14 DESHONRA BORRADA

Pasos hacia la sanidad

La sanidad de la deshonra requiere pasos específicos y acciones intencionales.

En tu pasado, quizás fuiste deshonrado. Tal vez hiciste cosas vergonzosas, pero no puedes seguir viviendo en deshonra si estás en la gracia. Por la sangre del Cordero, Dios borra toda deshonra de aquellos que están en Cristo.

Romanos 8:1 es un versículo clave en este estudio. Veámoslo en otra traducción:

"Así que ahora el caso está cerrado. Ya no queda ninguna voz acusadora de condenación para los que están unidos en vida con Jesús, el Ungido."
—Romanos 8:1, adaptación basada en The Passion Translation

A esto le sigue inmediatamente el versículo 2, que declara:

"Porque la ley del Espíritu de vida en Cristo Jesús me ha librado de la ley del pecado y de la muerte".

El Espíritu Santo nos da vida a través de Jesucristo. En Él somos libres, liberados de la esclavitud y el poder del pecado, y se nos ofrece una forma de vida nueva y transformadora.

La Escritura (según algunas traducciones al inglés, como la King James) utiliza la frase "en Cristo" 76 veces. No tenemos tiempo para verlas todas, pero piensa en todas las maravillas que están "en Cristo": somos santificados en Cristo (1 Corintios 1:2), vivimos en Cristo (1 Corintios 15:22), somos establecidos juntamente en Cristo (2 Corintios 1:21), triunfamos en Cristo (2 Corintios 2:14), somos nuevas criaturas en Cristo (2 Corintios 5:17), y poseemos libertad en Cristo (Gálatas 2:4).

A la luz de todas estas bendiciones en Cristo, es triste ver a tantos creyentes atormentados por la vergüenza. Sí, a veces es consecuencia de nuestro propio pecado, pero otras veces es el enemigo quien explota y oprime a los hijos de Dios. Esto es especialmente cierto en el caso de quienes no quisieron participar, o lucharon contra cosas que les fueron impuestas, pero siguen siendo acosados por ecos que susurran: "Debería darte vergüenza. No eres digno." Esa mentira persistente impide que muchos abracen por completo la libertad y la gracia que Jesús les ofrece.

No creas la mentira.

Dios no hace responsable a nadie por el pecado de otra persona. Ezequiel 18:20 (RVR1960) dice: "El alma que pecare, esa morirá; el hijo no llevará el pecado del padre, ni el padre llevará el pecado del hijo; la justicia del justo será sobre él, y la impiedad del impío será sobre él". Nuestros corazones pueden convertirse en campos de batalla entre la culpa y la gracia, pero con Dios de nuestro lado, la gracia vence a la culpa. De hecho, Dios puede transformar la vida de aquellos a quienes el enemigo quiso marcar como víctimas, y convertirlos en canales de sanidad para otros que también han sido heridos. Este es un principio espiritual que se aplica en muchos niveles. Existen dos fuerzas opuestas operando en nuestro mundo: mientras Satanás crea dificultades para destruirnos, Dios tiene la intención de redimir esas experiencias dolorosas y usarlas para algo bueno. A veces no lo vemos en medio del conflicto, los desafíos o el sufrimiento, pero al superarlos, suele volverse evidente. Lo que fue planeado para hacerte daño, Dios puede usarlo para bien (ver Génesis 50:20).

Cuando tú has vencido la vergüenza, puedes ayudar a otros a superar esa misma lucha en sus vidas. ¡Eso es poderoso!

El equipo del diablo juega sucio. Es realmente indignante ver cómo las fuerzas demoníacas buscan herir aún más a quienes fueron inocentes, pero sufrieron daño a causa de otros. Los susurros de la vergüenza intentan convencer a esas víctimas inocentes de que deben sentirse avergonzadas por lo que alguien más les hizo. Si te identificas con esto, es tiempo de enfrentar esa mentira en el Nombre de Jesús y rehusar cargar con la vergüenza de lo que otra persona, en un acto egoísta y pecaminoso, te hizo. Es tiempo de levantarte y decir: "Me niego a sentir vergüenza por lo que _____ me hizo".

Reflexión y aplicación

Reflexión en el pasaje bíblico
Escribe Colosenses 3:15 en tu versión favorita de la Biblia:
_____
_____
_____

Reflexiona sobre el pasaje y escribe en tu cuaderno de notas tus pensamientos y sentimientos. ¿De qué manera podrían aplicarse estas palabras a tu vida?
_____
_____
_____
_____

Reflexión personal
¿Cómo el comprender tu identidad "en Cristo" transforma tu manera de ver la deshonra de tu pasado?
_____
_____
_____
_____

¿Qué pasos puedes dar para permitir que la paz de Cristo gobierne en tu corazón cada día?
_____
_____
_____

Declaración de afirmación

Escribe lo siguiente en una tarjeta, o crea una declaración personalizada basada en la afirmación de abajo. Repítela en voz alta, junto con las afirmaciones anteriores.

> *¡Soy libre en Cristo—libre de toda deshonra! Tengo una nueva identidad. Mi pasado no me define, y me niego a cargar con el peso del pecado de otra persona.*

Oración

Escribe una oración en la que agradezcas a Dios por la capacidad que Cristo te ha dado para caminar en Su victoria.
_____
_____
_____
_____
_____

Reflexión adicional

Dedica unos minutos a una reflexión en silencio, considerando el impacto de vivir libre de deshonra gracias a tu nueva identidad en Cristo. Escribe las percepciones o revelaciones que recibas durante este tiempo de reflexión.
_____
_____
_____
_____
_____

15 ELEVÁNDOTE POR ENCIMA

Venciendo el poder de la vergüenza

Superar la vergüenza requiere resiliencia y determinación.

Debemos aprender a reconocer y rechazar la vergüenza que sentimos por lo que otra persona ha hecho, especialmente cuando se trata de alguien cercano. Esto puede ocurrir con un padre, cónyuge o cualquier persona con la que tengamos una relación estrecha, y sucede a menudo porque tememos ser juzgados o pensamos que sus acciones se reflejan sobre nosotros. Pero asumir la vergüenza por las acciones o inacciones de otros no es saludable. Puede distorsionar nuestra percepción de nosotros mismos y obstaculizar nuestro crecimiento personal y vitalidad.

El enemigo intentará silenciarnos si nuestro cónyuge o hijo toma una decisión que daña nuestra relación con ellos o con otros. Poco después de que escribí La niña del vestido, mi hija de 18 años se fue de nuestro hogar y de la iglesia, diciendo: "Nunca seré la niña del vestido." El enemigo llenó mi mente con pensamientos como: "Mira tu vida. Será mejor que te sientes y te calles. ¿Quién va a escucharte ahora?"

Eso fue hace mucho tiempo, y desde entonces he escrito mucho y he servido en el ministerio. Si hubiera permitido que la vergüenza me silenciara, el enemigo habría tenido una victoria doble, con consecuencias de gran alcance. No podemos permitir que se nos silencie por lo que hizo un hijo, si un cónyuge se fue, o por cualquier otra acción de alguien cercano a nosotros. Sea cual sea la voz que intente avergonzarte por lo que hizo otra persona, recuerda que Dios dice: "Cada uno de nosotros dará a Dios cuenta de sí" (Romanos 14:12). Al final del día, solo estás tú y Jesús, y Él quiere que seas verdaderamente libre.

Es tiempo de pararte firme y decir: "Me niego a sentir vergüenza por las decisiones de _____".

A veces nos detenemos por la vergüenza de un error del pasado. El temor a ser avergonzados también puede paralizarnos. Pensar demasiado, obsesionarnos con lo que podría salir mal o imaginar constantemente malos resultados puede mantenernos estancados. En lugar de eso, debemos tomar control de nuestros pensamientos y dejar de apuntar a la perfección. Es mejor esforzarnos por alcanzar la excelencia y enfocarnos en el aprendizaje y el crecimiento. Podemos vencer ese temor cuando reconocemos la voz de Dios y le obedecemos. Si Dios te está llamando a intentarlo de nuevo, ¡hazlo!

Tal vez en el pasado diste un paso de fe y fallaste. Recuerda: Dios quiere que sigas creciendo. Es momento de declarar: "me niego a sentir vergüenza por haber cometido un error, especialmente mientras intentaba crecer en Dios... contribuir en el avance del Reino... o seguir la guía del Espíritu".

Todos estamos en proceso. Así como celebramos los primeros pasos de un niño pequeño a pesar de sus caídas, Dios nos anima mientras aprendemos y crecemos.

Cuando caigas, levántate, sacúdete el polvo e inténtalo de nuevo. No dejes de intentarlo solo porque cometiste un error. Yo he tenido el privilegio de cometer algunos de los míos frente a cientos de personas... ¡con cámaras grabando! He dicho el nombre equivocado mientras predicaba, o he confundido personajes porque hay más de una persona con el mismo nombre en la Biblia. Claro que me sentí tonta en ese momento, pero todos cometemos errores. No solo son inevitables, también pueden convertirse en oportunidades de aprendizaje. Incluso pueden ayudarnos a mantenernos humildes.

No dejes que la vergüenza te apague. No permitas que los recuerdos de errores pasados, ni la posibilidad de cometer nuevos, te impidan extender tus alas y atrapar el viento cuando el Espíritu sople. No permitas que la vergüenza te estanque, especialmente por cosas que ya han sido olvidadas "bajo la sangre".

Di: "¡No dejaré que la vergüenza me detenga ni me mantenga estancada! Me niego a sentir vergüenza por un pecado pasado que ya ha sido cubierto por la sangre."

Jesús fue avergonzado para que tú no tuvieras que serlo. Él llevó la vergüenza para que tú pudieras tener Su gloria. Pagó el precio por todo aquello que pudiera legítimamente avergonzarte; fue clavado en la cruz con Cristo. Para cualquier otra cosa, no hay razón para prestarle demasiada atención, y mucho menos darle el poder de paralizar tu progreso.

Hay una canción que nos recuerda que podemos cambiar nuestras tristezas y vergüenza por el gozo del Señor. Pero el enemigo de tu alma no quiere que camines en esa clase de magnificencia y poder. Él quiere que lleves una letra escarlata sobre tu pecho. No le importa si nadie más la ve, con tal de que tú sepas que está ahí.

Reflexión y aplicación

Reflexión bíblica
Escribe Juan 15:11 en tu traducción favorita:
_____
_____
_____

Reflexiona sobre el versículo y escribe en tu diario tus pensamientos y sentimientos. ¿Cómo podrían aplicarse estas palabras a tu vida?
_____
_____
_____
_____
_____

Reflexión personal
¿Cómo influye en tu manera de ver los errores del pasado, o el impacto que han tenido en tu vida las decisiones de otros, el comprender que Jesús desea tu gozo?
_____
_____
_____
_____
_____
_____

¿Qué pasos puedes dar para asegurarte de que la vergüenza no silencie ni detenga tu crecimiento?
_____
_____
_____
_____

DECLARACIÓN DE AFIRMACIÓN

Escribe lo siguiente en una tarjeta, o crea una declaración personalizada basada en la afirmación que aparece a continuación. Repítelo en voz alta, junto con las afirmaciones anteriores.

Soy libre de toda vergüenza por los errores de ayer o por las decisiones que otros han tomado. El pasado terminó. Mi pizarra está limpia. Ninguna percepción falsa de vergüenza va a silenciarme ni a detener mi crecimiento.

Oración

Escribe una oración que incluya tu gratitud por el progreso que has logrado en tu crecimiento espiritual.

_____
_____
_____
_____
_____
_____
_____

Reflexión adicional

Tómate unos minutos en quietud para reflexionar sobre el impacto de vivir libre de vergüenza gracias a tu nueva identidad en Cristo. Escribe cualquier idea o revelación que recibas durante este tiempo de reflexión.

_____
_____
_____
_____
_____
_____
_____
_____
_____

16 ELIGIENDO LA VERDAD

Enfrentando las mentiras de la vergüenza

La vergüenza a menudo se alimenta de mentiras y conceptos erróneos.

El enemigo sabe que, si creemos que no somos dignos, nos costará levantar la cabeza o las manos en adoración, robándonos el poder, la paz y la confianza. Imagínalo como si tú y yo lleváramos una letra escarlata invisible. La "A" de Hester significaba "adúltera". Para ti y para mí, representa "acusado" o "acusada". El diablo, el "acusador de nuestros hermanos" (Apocalipsis 12:10, NTV), nos imputa cargos, tratando de hacernos sentir avergonzados e indignos, cuando en realidad hemos sido declarados inocentes por la sangre de Cristo. Escuchamos voces internas repitiendo sus acusaciones, recordándonos nuestros errores y pecados pasados, cuestionando nuestros motivos, con la esperanza de debilitar nuestra identidad y el perdón que tenemos en Cristo.

Toma en cuenta que esas acusaciones no provienen de nuestro espíritu, donde Dios habita en lo más profundo de nuestro ser; vienen de fuentes externas que susurran a nuestra mente, la parte de nosotros más vulnerable a las mentiras y acusaciones del diablo. Estos ataques mentales pueden sembrar duda e inseguridad, pero no reflejan la verdad de nuestra identidad en Cristo. En nuestro espíritu, estamos seguros en el amor de Dios; pero en nuestra mente, escuchamos las afirmaciones del enemigo: ¿No te acuerdas de quién eres? ¿No te acuerdas de lo que hiciste cuando tenías 14 años... en el partido de baloncesto... detrás de las gradas? Tú sabes quién eres. Sabes que no eres suficiente. Será mejor que dejes de intentarlo. Deberías dejar esa clase de escuela dominical. No deberías atreverte a subir una vez más a cantar.

El conocimiento es la clave para la verdadera libertad.

Jesús dijo: "Y conoceréis la verdad, y la verdad os hará libres" (Juan 8:32, RVR1960). Cuando aceptamos y nos rendimos a la verdad del amor y la gracia de Dios, podemos vencer las mentiras del enemigo y entrar en la plenitud de nuestra identidad en Cristo.

El diablo te lo recordará, incluso te provocará: Los demás tal vez no lo sepan, pero tú y yo sí sabemos lo que hiciste. Después de esos pensamientos, sentimientos de miedo e indignidad inundan nuestra alma.

Muchos no se dan cuenta de que esas ideas provienen de una fuente externa. Pero si las escuchamos el tiempo suficiente, esas verdades distorsionadas, verdades a medias o mentiras absolutas pueden convertirse en parte de la forma en que pensamos sobre nosotros mismos—parte de nuestros procesos mentales y de nuestra voz interior. Con el tiempo, podemos comenzar a revivir sentimientos de condenación por algo de lo que Jesús dio Su vida para liberarnos. Nuestra conciencia puede ser reprogramada por el engaño. Como lo explica Jeff Arnold, el mayor problema de estar engañado es que no sabes que lo estás. Crees que estás operando en la verdad. Esto puede suceder porque sabemos lo que hicimos. Sabemos en qué hemos fallado. Así que esas mentiras parecen verdaderas. Nuestro cerebro acepta la mentira de que aún estamos ligados a nuestros errores del pasado, y eso se convierte en nuestra "verdad" presente.

En nuestros más íntimos pensamientos, podemos estar de acuerdo con el diablo, el padre de mentira, o podemos elegir estar de acuerdo con la Palabra de Dios, el Señor de la eternidad. La batalla está en nuestra mente, pero se nos ha dado el poder de decidir. Dios nos ha dado el yelmo de la salvación para proteger nuestros pensamientos. El nombre del Señor es torre fuerte, a la cual podemos correr —en sentido figurado— y hallar refugio ante los ataques del enemigo (Proverbios 18:10). Así como una torre física ofrece protección y seguridad, confiar en el poder y la verdad de Dios nos ayuda a vencer los patrones de pensamiento negativos y las mentiras. En Él encontramos seguridad y libertad.

Reflexión y aplicación

Reflexión bíblica
Escribe Juan 8:32 en tu traducción favorita:

_____
_____
_____

Reflexiona sobre el versículo y escribe en tu diario tus pensamientos y sentimientos. ¿Cómo podrían aplicarse estas palabras a tu vida?

_____
_____
_____
_____
_____

Reflexión personal
¿Cómo influye en tu manera de ver los errores del pasado el reconocer que las acusaciones del enemigo son mentiras?

_____
_____
_____
_____
_____

¿Qué pasos puedes dar para asegurarte de que estás viviendo en la verdad de la Palabra de Dios y no en las mentiras del enemigo?

_____
_____
_____

DECLARACIÓN DE AFIRMACIÓN

Escribe lo siguiente en una tarjeta, o crea una declaración personalizada basada en la afirmación que aparece a continuación. Repítelo en voz alta, junto con las afirmaciones anteriores.

Soy escogido, perdonado y amado. Dios me está enseñando y dando discernimiento para identificar las fuentes de mis pensamientos y emociones, rechazar toda mentira y renovar mi mente con Su verdad.

Oración

Escribe una oración que incluya tu gratitud por el discernimiento para combatir y vencer las tácticas engañosas del enemigo.

_____
_____
_____
_____
_____
_____

Reflexión adicional

Tómate unos minutos en quietud para reflexionar sobre el impacto de vivir libre de condenación gracias a tu nueva identidad en Cristo. Escribe cualquier idea o revelación que recibas durante este tiempo de reflexión.

_____
_____
_____
_____
_____
_____
_____
_____
_____
_____

17 UNA "A" LAVADA EN SANGRE

Encontrando expiación en Cristo

*El sacrificio de Cristo nos ofrece expiación y
una nueva identidad.*

Cuando reconoces la acusación del enemigo por lo que realmente es, puedes confrontar la mentira con la verdad.

Sabes qué, diablo, tienes razón. Sí tengo una letra escarlata. Hice esas cosas en el pasado. Antes era "acusada" porque era culpable, pero ahora...Ya que quieres hablar de eso, déjame contarte acerca de mi "A" lavada en sangre. Mi "A" lavada en sangre declara que ya no soy acusada ni acusable. El cargo ya fue borrado de mi registro.

Tengo una "A" lavada en sangre y santificada, y no significa acusada. Significa absuelta. Absuelta... en tiempo pasado. No importa lo que digas. ¡Soy libre! No voy a vivir bajo la culpa ni la condenación, porque he sido exonerada.

Estoy absuelta. Cada cargo ha sido levantado.

Liberada. He sido puesta en libertad, y soy libre ahora mismo.

Cuando llegue el tiempo del juicio, Jesús abrirá el libro y dirá, con mi nombre: "Absuelta de todos los cargos."

Es tiempo de dejar de vivir en la ilusión, en la percepción equivocada que nos roba la verdadera identidad que tenemos en Cristo en nuestra realidad presente.

Imagina conmigo las posibilidades infinitas de vivir verdaderamente sin vergüenza y sin ser avergonzado jamás. Sea lo que sea que estés cargando hoy, hay gracia para eso. El precio ya fue pagado. Hay una fuente, y está fluyendo ahora mismo.

El lenguaje de algunos de los himnos antiguos sobre la sangre de Jesús quizá no resulte agradable o fácil de relacionar para algunos, incluso para cristianos de hoy. La mayoría de nosotros no lidiamos con el sacrificio de animales, y mucho menos con sacrificios rituales. Pero la expiación de Jesús fue real y eficaz. Todavía tiene vigencia. La sangre todavía trabaja.

Reflexión y aplicación

Reflexión bíblica
Escribe Romanos 5:9 en tu traducción favorita:

_____
_____
_____

Reflexiona sobre el versículo y escribe en tu diario tus pensamientos y sentimientos. ¿Cómo podrían aplicarse estas palabras a tu vida?

_____
_____
_____
_____

Reflexión personal
¿Cómo te ayuda reconocer tu pasado a abrazar tu redención presente?

_____
_____
_____
_____

¿Qué significa para ti vivir como alguien absuelto y justificado por la sangre de Jesús?

_____
_____
_____
_____

DECLARACIÓN DE AFIRMACIÓN

Escribe lo siguiente en una tarjeta, o crea una declaración personalizada basada en la afirmación que aparece a continuación. Repítelo en voz alta, junto con las afirmaciones anteriores.

Soy absuelto y justificado por la sangre de Jesucristo.
Toda acusación en mi contra ha sido anulada.
Elijo vivir en la libertad y en la verdad de mi identidad en Él.

Oración

Escribe una oración que incluya tu gratitud por el poder transformador de la expiación de Jesús, que pueda ayudar a otros a través de tu testimonio.

_____
_____
_____
_____
_____
_____

Reflexión adicional

Tómate unos minutos en quietud para reflexionar sobre el impacto de vivir como alguien absuelto y justificado por la sangre de Jesús. Escribe cualquier idea o revelación que recibas durante este tiempo de reflexión.

_____
_____
_____
_____
_____
_____
_____
_____
_____

18 EXPIACIÓN ETERNA

Viviendo en el perdón de Dios

Vivir en el perdón de Dios es una jornada constante

La fuente es una imagen de un manantial. En este caso, simboliza el suministro infinito de gracia y misericordia. Aquellos que permanecen en su corriente continúan siendo transformados por la obra completa y constante de la cruz. La sangre de Cristo no fluye literalmente; se derramó de su cuerpo sobre la tierra. Sin embargo, la obra de la cruz —abundante y continua— provee un fluir eterno de perdón, purificación y redención, en cumplimiento de la promesa del pacto que aún hoy nos alcanza a ti y a mí.

El precio fue pagado, y eso ha puesto a nuestra disposición una fuente inagotable, siempre presente y suficiente de gracia, misericordia y purificación para todos los que creen. Jesús fue la fuente abierta para la casa de David, destinada a purificar al pueblo de Dios del pecado y la impureza (Zacarías 13:1), y el Nuevo Testamento declara que la sangre de Jesús nos limpia de todo pecado (1 Juan 1:7).

La obra de la cruz está consumada, pero su eficacia es continua, haciendo que la sangre de Jesús esté perpetuamente disponible para limpiar y redimir a los creyentes. Esta presentación poética de Jesús como un torrente que lava todo error y remordimiento nos ayuda a conectar profundamente con la realidad de Su poder infinito y vivificante.

Cuando alineamos la verdad de Dios con nuestra realidad terrenal, y el enemigo intenta acusarnos por pecados que ya han sido perdonados, proclamamos nuestra libertad por medio del sacrificio de Jesús. "Invocamos la sangre", es decir, apelamos a la expiación de Cristo, reconociendo que Su sangre nos ha limpiado de toda culpa y vergüenza. Este acto es una defensa espiritual: nos recuerda a nosotros mismos —y declara al enemigo— que hemos sido absueltos y liberados por el poder de la cruz.

Y no solo eso: también existe un principio legal conocido como "doble incriminación". Esto significa que una vez que una persona ha sido absuelta de un delito, no puede ser juzgada nuevamente por el mismo cargo. Aplicado a nuestra vida espiritual, esto quiere decir que el enemigo no tiene ningún derecho legal de acusarte por pecados que ya han sido perdonados. No tiene base para presentar cargos contra ti.

Cuando naces de nuevo, se te entrega un veredicto celestial: libre de toda culpa ante la Ley. ¿No es maravilloso? Puedes decirle al diablo: "Habla con la mano, porque la cara no te escucha". No puedes ser declarado culpable de aquello por lo que ya fuiste declarado inocente.

Reflexión y aplicación

Reflexión bíblica
Escribe 1 Juan 1:7 en tu traducción favorita:
___
___
___

Reflexiona sobre el versículo y escribe en tu diario tus pensamientos y sentimientos. ¿Cómo podrían aplicarse estas palabras a tu vida?
___
___
___
___
___

Reflexión personal
¿Cómo refuerza el concepto de "doble incriminación" tu entendimiento de haber sido absuelto en Cristo?
___
___
___
___
___

¿De qué maneras puedes recordarte cada día el poder perpetuo del sacrificio de Jesús?
___
___
___
___
___

DECLARACIÓN DE AFIRMACIÓN

Escribe lo siguiente en una tarjeta, o crea una declaración personalizada basada en la afirmación que aparece a continuación. Repítelo en voz alta, junto con las afirmaciones anteriores.

Soy limpiado continuamente por el poder
perpetuo del sacrificio de Jesús.
Estoy absuelto, y mi pasado no podrá ser
usado jamás en mi contra.

Oración

Escribe una oración que incluya tu gratitud por la capacidad de caminar con confianza, sabiendo que ninguna acusación contra ti puede permanecer vigente.

_____
_____
_____
_____
_____
_____

Reflexión adicional

Tómate unos minutos en quietud para reflexionar sobre el impacto de vivir como alguien que es limpiado perpetuamente por el sacrificio de Jesús. Escribe cualquier idea o revelación que recibas durante este tiempo de reflexión.

_____
_____
_____
_____
_____
_____
_____
_____
_____

19 LA PALABRA FAVORITA DE DIOS

Recibiendo Su amor

El amor de Dios es el fundamento de nuestra identidad

El pecado de Adán y Eva se conoce como "la caída". Representa el momento en que la humanidad cayó de un estado de inocencia y relación perfecta con Dios a un estado de pecado y separación de Él. Este evento marcó un cambio significativo en la condición humana, dando lugar a la necesidad de redención y restauración. El término "la caída" simboliza este descenso dramático de la gracia: de vivir en comunión inquebrantable con Dios.

De manera similar, cuando alguien "asume la culpa" por otra persona, significa que carga con las consecuencias del error o la falta de otro. Esto suele implicar recibir el castigo o la culpa en lugar de quien realmente falló. Puede suceder cuando una persona inocente es castigada injustamente por un crimen que no cometió, o cuando alguien asume la responsabilidad del error de otro para protegerlo. A veces, "asumir la culpa" ocurre cuando el verdadero culpable manipula las pruebas o las circunstancias para hacer parecer culpable a un inocente. En otras ocasiones, una persona asume la culpa voluntariamente, aunque no haya sido su falta, por lealtad, amor o sentido del deber.

En el Calvario, Jesús encarnó por completo este concepto. Aunque fue falsamente acusado y manipulado, asumió voluntariamente la culpa por nuestros pecados, movido por amor. Imagínalo así: una trampa orquestada por las fuerzas de las tinieblas, donde los pecados de la humanidad exigían un Salvador. Jesús enfrentó acusaciones falsas, traición y manipulación, muy parecido a un montaje criminal. Pero aquí está el giro divino: Jesús eligió ese camino por puro amor. Soportó voluntariamente el castigo que nosotros merecíamos. A diferencia de cualquier otra caída, la suya fue un acto deliberado de gracia. Él tomó sobre sí las consecuencias espirituales del Edén, el primer engaño de Satanás en la tierra, y pagó la deuda por completo. Tal vez a Satanás le pareció que había ganado en el Calvario, pero lo que en ese momento pareció una gran pérdida para Jesús y sus seguidores, fue hecho intencionalmente para nuestro beneficio. Jesús cargó con el castigo que merecíamos, transformando nuestra culpa en Su gloria, y ofreciéndonos redención y vida eterna. Él cayó para que nosotros podamos levantarnos.

En el Calvario, Jesús cumplió la promesa de Dios en Génesis 3:15, y hoy, Dios nos invita a todos a nacer de nuevo. La puerta está abierta, y la humanidad es bienvenida a reanudar la comunión con Dios, a vivir en la victoria, la libertad y el poder que nos fueron otorgados mediante el sacrificio de Jesús. Puedes oírlo decir: "Yo pagué el precio. Lo tomé todo. Ven"

Creo que "ven" es la palabra favorita de Dios.

"Ven a mí".
"Ven, sube más alto".
"Ven, acércate".
"Ven, y te haré más blanco que la nieve".

Jesús se ofreció a sí mismo, sin mancha ni defecto, para purificar tu conciencia y la mía, para que no tuviéramos que permanecer bajo el poder de la muerte. Podemos ser vivificados para amar y servir al Dios vivo. Como Su poder está vivo en nosotros y tenemos una posición correcta delante de Dios, tenemos autoridad en este mundo. Podemos resistir al diablo y rechazar cualquier intento suyo de confrontarnos con algo que no se alinea con la Palabra de Dios.

Todo esto es cierto, pero también hay una advertencia. No debemos vivir en la ilusión de que todo está bien si no hemos nacido de nuevo del agua y del Espíritu, si no estamos caminando con Jesús. Si aún no has experimentado un nuevo nacimiento en Cristo y estás listo para comenzar una vida nueva con Él, todo empieza con el arrepentimiento. Eso significa alejarse del pecado y volverse a Dios. Cuando creemos, continuamos en Su Palabra, la cual nos enseña que debemos ser bautizados en agua, completamente sumergidos en el nombre de Jesús, y ser llenos del Espíritu de Dios (Hechos 2:38, 19:1-5, Juan 3:5). Jesús pagó el precio de una vez y para siempre. Quienes le pertenecen ya son vencedores y llevan dentro de sí el poder de Dios para vencer cualquier susurro, tentación o acusación del mal.

Hay poder en la sangre. Poder que obra maravillas.

Reflexión y aplicación

Reflexión en el pasaje bíblico
Escribe Apocalipsis 22:17 en tu versión favorita de la Biblia:
_____
_____
_____

Reflexiona sobre el pasaje y escribe en tu cuaderno de notas tus pensamientos y sentimientos. ¿De qué manera podrían aplicarse estas palabras a tu vida?
_____
_____
_____
_____
_____

Reflexión personal
¿De qué manera la invitación de Jesús a "venir" transforma la manera en que ves tu relación con Él?
_____
_____
_____
_____
_____
_____

¿Cómo puedes responder activamente a esta invitación en tu vida diaria?
_____
_____
_____
_____
_____
_____

Declaración de afirmación

Escribe lo siguiente en una tarjeta, o crea una declaración personalizada basada en la afirmación que aparece abajo. Repítela en voz alta para ti mismo, junto con las afirmaciones anteriores.

Soy nacido en el Reino de Dios por el agua y el Espíritu. Soy perdonado y respaldado por el poder milagroso de la sangre del Cordero. Soy un vencedor en Cristo, quien derrotó al acusador para que yo pueda vivir en la victoria de la gracia.

Oración

Escribe una oración en la que expreses tu gratitud por no vivir en una ilusión, sino en una relación honesta y personal con un Dios vivo y amoroso.

_____
_____
_____
_____

Reflexión adicional

Dedica unos minutos a una reflexión en silencio, considerando el impacto de responder a la invitación de Jesús a "venir." Escribe en tu cuaderno de notas cualquier entendimiento o revelación que recibas durante este tiempo de reflexión.

_____
_____
_____
_____

Comparte el mensaje

Piensa en alguien que conozcas que pueda beneficiarse de escuchar acerca de lo que has aprendido. Comparte con esa persona lo que has experimentado esta semana en relación con abrazar tu identidad en Cristo.

Lo compartí con: _____

Fecha: _____

Semana 3

Viviendo en libertad y propósito

"No temas, porque yo estoy contigo; no desmayes, porque yo soy tu Dios que te esfuerzo; siempre te ayudaré, siempre te sustentaré con la diestra de mi justicia".
Isaías 41:10

20 CONSEJERO EN EL TRIBUNAL

Defensa contra las acusaciones

La vergüenza a menudo se siente como una acusación constante.

Si eres cristiano y aún te sientes abrumado por las acusaciones de la vergüenza, debes saber esto: no tienes que pelear esta batalla solo. No tienes que quedarte ahí parado y aceptarlo. Imagínate estar en un tribunal con el mejor abogado defensor que existe: ¡Jesucristo! Él está ahí para defenderte, hablar en tu nombre y recordarte, a ti y a todos los demás, que eres perdonado y libre.

Nuestro "Consejero" es Jesucristo, el Mesías (Isaías 9:6). El mismo Dios que te creó y te redimió, es tu abogado (ver Job 16:19).

Nunca estarás sin apoyo

Leemos en 1 Juan 2:1-2, NTV:

"Mis queridos hijos, les escribo estas cosas para que no pequen. Pero si alguno peca, tenemos un abogado que intercede ante el Padre a favor nuestro: Jesucristo, el que es verdaderamente justo. Él mismo es el sacrificio que pagó por nuestros pecados—y no solo por los nuestros, sino también por los de todo el mundo".

Cuando el enemigo intente acusarte, imagina el tribunal celestial y escucha las palabras de tu abogado: "Si le parece bien al tribunal, me gustaría llamar a tres testigos: el agua, la sangre y el Espíritu".

Tres testigos —agua, sangre y Espíritu— son mencionados en 1 Juan 5:6-8, subrayando la afirmación de Juan de que hay evidencia que prueba que Jesús es el Hijo de Dios (v. 6). Estos testigos concuerdan, y cuando tú y yo entramos en un pacto atestiguado por los mismos testigos —la sangre, que representa la crucifixión para el perdón (arrepentimiento); el agua, que representa el bautismo en agua; y el Espíritu, que representa el bautismo en el Espíritu— estos tres testigos estarán de acuerdo y darán testimonio a nuestro favor.

En el bautismo, la sangre de Jesús se aplica para nuestra salvación, y somos lavados espiritualmente. El bautismo en agua, una parte vital para recibir la limpieza y el perdón, también sirve como una declaración pública de nuestra decisión de seguir a Jesús. A través del bautismo en el Espíritu Santo, experimentamos la presencia y el poder de Dios. El agua, la sangre y el Espíritu trabajan juntos para afirmar nuestra identidad en Cristo y fortalecer nuestro camino de fe.

Estos tres testigos dan testimonio de aquellos que se sumergieron en el agua en el nombre de Jesús. La sangre de Jesucristo ha removido toda mancha, y el Espíritu de Dios está sobre ellos. Han sido sellados. Estos tres testigos concuerdan ahora y testificarán en la corte celestial que Jesús lo pagó todo y que hay una fuente donde los pecadores pierden todas sus manchas de culpa.

Reflexión y aplicación

Reflexión en el pasaje bíblico

Escribe Isaías 9:6 en tu versión favorita de la Biblia:

_____
_____
_____

Reflexiona sobre el pasaje y escribe en tu cuaderno de notas tus pensamientos y sentimientos. ¿De qué manera podrían aplicarse estas palabras a tu vida?

_____
_____
_____
_____
_____

Reflexión personal

¿De qué manera reconocer a Jesús como tu abogado transforma la manera en que percibes las acusaciones y la vergüenza?

_____
_____
_____
_____
_____

¿Qué formas prácticas puedes usar para recordarte a ti mismo que Jesús te defiende en tu vida diaria?

_____
_____
_____

Declaración de afirmación

Escribe lo siguiente en una tarjeta, o crea una declaración personalizada basada en la afirmación que aparece abajo. Repítela en voz alta para ti mismo, junto con las afirmaciones anteriores:

No estoy solo. Jesucristo es mi abogado, y el agua, la sangre y el Espíritu dan testimonio de mi perdón, mi bautismo y mi nueva vida en Él.

Oración

Escribe una oración en la que des gracias a Jesús, tu consejero, abogado y amigo.

_____

_____

_____

_____

_____

Reflexión adicional

Dedica unos minutos a una reflexión en silencio, considerando el impacto de tener a Jesús como tu abogado. Escribe en tu cuaderno de notas cualquier entendimiento o revelación que recibas durante este tiempo de reflexión.

_____

_____

_____

_____

_____

_____

_____

_____

_____

_____

_____

21 REDENCIÓN DIARIA

Viviendo en libertad todos los días

La libertad de la vergüenza es un camino diario.

La cruz es más que un evento único o una promesa futura del cielo. Se trata de vivir cada día con la plena seguridad de que Dios nos ha perdonado, renovado y capacitado. Estamos tan perdonados ahora como cuando creímos por primera vez y fuimos bautizados, sintiéndonos más livianos que el aire y más blancos que la nieve. La obra de la cruz continúa, brindando renovación y poder día tras día, recordándonos que el perdón y la nueva vida en Cristo son realidades disponibles para nosotros en todo momento.

Siempre podemos confiar en el poder de la cruz
para sostenernos.

Dios quiere que experimentemos esta renovación cada día en una relación íntima y vibrante con Él. La vida tendrá sus altibajos, pero a medida que crecemos en madurez espiritual, este crecimiento ocurre de forma natural cuando vivimos con confianza en nuestra relación restaurada con Dios. Saber que somos amados y perdonados incondicionalmente nos da poder para enfrentar los desafíos con fe, confiando en que Dios está obrando todas las cosas para bien (Romanos 8:28). Esta comprensión transforma nuestra perspectiva y nos permite caminar con valentía en el propósito y el llamado que Él tiene para nuestras vidas. Cuando nacemos de nuevo, nuestro indulto queda sellado. Dios quita las etiquetas y acusaciones de Satanás y las de nuestro pasado, y las reemplaza con nuestra verdadera identidad como Sus hijos. Compartimos el testimonio de Jesús, validado por el agua, la sangre y el Espíritu—mayor que cualquier testimonio humano. Esta transformación nos permite mantenernos firmes en la fe, a sabiendas de que nuestro pasado ya no nos define. En cambio, somos definidos por el amor de Dios y la nueva identidad que Él nos ha dado como Sus hijos amados.

La evidencia es clara: Jesús lo pagó todo. Hoy, tú y yo estamos perdonados. El poder de la cruz significa vivir cada día en la libertad y la gracia que nos ha dado Jesucristo.

Pablo escribe en Romanos 5:1-5 que hemos entrado en lo que Dios siempre ha deseado para nosotros: justificarnos y hacernos aptos para Él. Por lo que Jesús ha hecho, ahora tenemos paz con Dios. Imagina esto: ¡las puertas están completamente abiertas! Dios ha abierto de par en par Su puerta para nosotros, y nosotros podemos hacer lo mismo. Podemos abrir de par en par la puerta de nuestro corazón para Él. Estamos de pie en el lugar que nuestras almas siempre han anhelado: en los espacios abiertos de la gracia y la gloria de Dios, firmes y proclamando nuestra alabanza.

¡Pero eso no es todo! Aún hay mucho más por venir. Seguimos proclamando nuestra alabanza incluso cuando los problemas nos rodean, porque sabemos que las dificultades desarrollan en nosotros una paciencia apasionada. Esa paciencia, a su vez, forja el acero templado de la virtud (la bondad), manteniéndonos listos y atentos para lo próximo que Dios hará. Los problemas pueden llegar, pero no pueden detener nuestra alabanza. Más bien, nos refinan, haciéndonos más fuertes y preparados para las cosas increíbles que Dios tiene reservadas.

En este estado de expectativa ferviente, jamás debemos sentir que hemos recibido poco. Al contrario, ¡no encontramos suficientes recipientes para contener todas las bendiciones que Dios derrama generosamente sobre nuestras vidas por medio del Espíritu Santo! Así que, mantengámonos firmes, alabemos con fuerza y vivamos plenamente en la abundante gracia y gloria de Dios.

Reflexión y aplicación

Reflexión en el pasaje bíblico

Escribe Romanos 5:1 en tu versión favorita de la Biblia:

_____
_____
_____

Reflexiona sobre el pasaje y escribe en tu cuaderno de notas tus pensamientos y sentimientos. ¿De qué manera podrían aplicarse estas palabras a tu vida?

_____
_____
_____
_____
_____

Reflexión personal

¿De qué manera comprender la redención diaria transforma la manera en que percibes tu relación con Dios?

_____
_____
_____
_____
_____

¿De qué formas puedes vivir activamente esta renovación diaria en tu vida?

_____
_____
_____
_____

Declaración de afirmación

Escribe lo siguiente en una tarjeta, o crea una declaración personalizada basada en la afirmación que aparece abajo. Repítela en voz alta para ti mismo, junto con las afirmaciones anteriores.

> *Soy perdonado por el poder de la cruz y tengo la seguridad de mi absolución. Vivo en la gracia y la libertad de una relación restaurada con Dios, disfrutando de la paz y del privilegio de participar en Su victoria.*

Oración

Escribe una oración en la que expreses tu gratitud por un nuevo entendimiento del privilegio inmerecido y de la paz que Jesús nos extiende.

_____
_____
_____
_____
_____

Reflexión adicional

Dedica unos minutos a una reflexión en silencio, considerando el impacto de la redención diaria en tu vida. Escribe en tu cuaderno de notas cualquier entendimiento o revelación que recibas durante este tiempo de reflexión.

_____
_____
_____
_____
_____
_____
_____
_____
_____

22 REIDENTIFICADO

Descubriendo quién eres en Cristo

Descubrir tu nueva identidad en Cristo es crucial para alcanzar una libertad duradera.

Cuando somos salvos, Dios toma lo que el diablo había etiquetado para sí mismo y para el reino de las tinieblas, y nos traslada a Su Reino. Él nos asigna una nueva identidad, haciéndonos suyos y cambiando quienes somos y nuestro destino.

"Pues él nos rescató del reino de la oscuridad y nos trasladó al reino de su Hijo amado, quien compró nuestra libertad y perdonó nuestros pecados".
Colosenses 1:13-14, NTV

Los que no tropiezan con la Palabra de Dios (ver 1 Pedro 2:8) son escogidos y apartados para los propósitos de Dios. Esto significa que ya han cambiado tanto su identidad como su propósito. Cuando abrazamos la Palabra de Dios, vivimos conforme a otro Reino. Nos convertimos en vasijas para Su obra, viviendo según Sus valores y contribuyendo a Su misión en la tierra. Esta transformación marca un cambio profundo de nuestro viejo yo hacia una nueva vida dedicada a Dios.

"Pero ustedes son descendencia escogida, sacerdocio regio, nación santa, pueblo que pertenece a Dios, para que

> proclamen las obras maravillosas de aquel que los llamó de las tinieblas a su luz admirable"
> 1 Pedro 2:9, NVI

Como creyentes, pasamos de estar bajo la influencia del diablo a recibir vida y ser resucitados con Cristo. Este cambio implica una transformación en nuestro estado espiritual y en nuestra identidad.

> *Antes ustedes estaban muertos a causa de su desobediencia y sus muchos pecados. Vivían en pecado, igual que el resto de la gente, obedeciendo al diablo—el líder de los poderes del mundo invisible—, quien es el espíritu que actúa en el corazón de los que se niegan a obedecer a Dios. Todos vivíamos así en el pasado, siguiendo los deseos de nuestras pasiones y la inclinación de nuestra naturaleza pecaminosa. Por nuestra propia naturaleza, éramos objeto del enojo de Dios igual que todos los demás. Pero Dios es tan rico en misericordia y nos amó tanto que, a pesar de que estábamos muertos por causa de nuestros pecados, nos dio vida cuando levantó a Cristo de los muertos. (¡Es solo por la gracia de Dios que ustedes han sido salvados!) Pues nos levantó de los muertos junto con Cristo y nos sentó con él en los lugares celestiales, porque estamos unidos a Cristo Jesús.* Efesios 2:1-6, NTV

Estar en Cristo y experimentar esta transformación es vital para nuestra nueva vida. La identidad antigua, pecaminosa (y acusable), ha sido reemplazada por una nueva que Dios nos ha dado. Él te ve como perdonado, amado y aceptado, y desea que tú también te veas de esa manera. Quiere que sientas propósito, valor y pertenencia. Él creó y capacitó a la nueva persona que eres para que vivas en justicia y camines en la plenitud de tu verdadero potencial. Dios te ha llamado y equipado para que recorras tu jornada de fe con libertad y victoria, avanzando con valentía y confianza de manera progresiva.

Amado hijo de Dios, has sido reclamado, tienes una nueva identidad y un nuevo nombre, por el poder y en el nombre de Jesús. Eres escogido y amado. Jesús mismo te rescató de las tinieblas y te trasladó al Reino de Dios, equipándote para toda buena obra que Él ha preparado para ti.

Reflexión y aplicación

Reflexión en el pasaje bíblico
Escribe Efesios 5:8 en tu versión favorita de la Biblia:

_____
_____
_____

Reflexiona sobre el pasaje y escribe en tu cuaderno de notas tus pensamientos y sentimientos. ¿De qué manera podrían aplicarse estas palabras a tu vida?

_____
_____
_____
_____
_____

Reflexión personal
¿De qué manera el saber que tienes una nueva identidad en Cristo cambia la manera en que te ves a ti mismo?

_____
_____
_____
_____
_____

¿De qué formas puedes vivir tu nueva identidad cada día?

_____
_____
_____
_____

Declaración de afirmación

Escribe lo siguiente en una tarjeta, o crea una declaración personalizada basada en la afirmación que aparece abajo. Repítela en voz alta para ti mismo, junto con las afirmaciones anteriores.

> *Soy escogido por Dios para vivir con propósito: capacitado para llevar luz donde hay tinieblas, para encarnar santidad y para proclamar la bondad de Dios. Como miembro de Su familia, reflejo la gloria de Dios y esparzo Su amor.*

Oración

Escribe una oración en la que expreses gratitud por la gracia y el crecimiento continuo.

_____
_____
_____
_____
_____

Reflexión adicional

Dedica unos minutos a una reflexión en silencio, considerando el impacto de tu nueva identidad en Cristo. Escribe en tu cuaderno de notas cualquier entendimiento o revelación que recibas durante este tiempo de reflexión.

_____
_____
_____
_____
_____
_____
_____
_____
_____

23 UN NUEVO COMIENZO

Abrazando tu nueva vida

Abrazar un nuevo comienzo implica dejar atrás el pasado y entrar en la nueva vida que Dios tiene para ti.

Las Escrituras nos aseguran que todo creyente tiene la oportunidad de abrazar el poder transformador de la nueva vida en Cristo. Pablo escribió:

> *"Esto significa que todo el que pertenece a Cristo se ha convertido en una persona nueva. La vida antigua ha pasado; ¡una nueva vida ha comenzado!"*
> 2 Corintios 5:17, NTV

> *¡Dilo en voz alta: La vida vieja ha pasado; una nueva vida ha comenzado!*

Es hora de ponerte de acuerdo con la Palabra de Dios, que te dice que cuando estás en Cristo, tu vieja identidad pecaminosa es reemplazada por una nueva. Esa nueva identidad te ha sido dada para que vivas una vida fortalecida y guiada por Dios, en lugar de estar controlado por tu antigua naturaleza inclinada al pecado. Puedes vivir con propósito, valor y pertenencia, plenamente capacitado para andar en justicia y cumplir el plan que Él tiene para ti.

"Mi antiguo yo ha sido crucificado con Cristo. Ya no vivo yo, sino que Cristo vive en mí. Así que vivo en este cuerpo terrenal confiando en el Hijo de Dios, quien me amó y se entregó a sí mismo por mí".
Gálatas 2:20, NTV

Algunas traducciones de este versículo sugieren que el viejo yo es continuamente crucificado con Cristo. Sin embargo, los manuscritos griegos usan el tiempo perfecto, el cual indica típicamente una acción completada en el pasado con resultados duraderos en el presente. Decir *"ha sido crucificado"* refleja con mayor exactitud el griego, enfatizando que la crucifixión del creyente con Cristo es una acción terminada con efectos continuos. "Ha sido crucificado" no solo se alinea más fielmente con el texto original, sino que también ofrece una visión más equilibrada de nuestra unión con Cristo como algo completo y a la vez en desarrollo.

Tu unión con Cristo en Su muerte es un evento definitivo que ocurrió en el momento de tu salvación. Al mismo tiempo, los efectos continuos de la crucifixión impactan tu identidad y tu vida diaria, brindándote una firme seguridad de salvación como una obra terminada. Este doble aspecto resalta la permanencia de tu salvación mientras sigue moldeando tu vida e identidad en Cristo.

Hay un proceso continuo de identificarse con la muerte de Jesús. Pablo habló de morir cada día, pero en contexto, se refería a que enfrentaba la muerte con regularidad por causa del Evangelio. Para nosotros, esto significa comprometernos activamente a vivir para Jesús y por la causa de Cristo, sin importar el costo. Debemos abrazar los sacrificios y desafíos que conlleva seguirle, alineando continuamente nuestra vida con Su ejemplo y misión a lo largo de nuestra jornada espiritual.

Un nuevo comienzo: Abrazando tu nueva vida

Reflexión y aplicación

Reflexión en el pasaje bíblico
Escribe Efesios 4:24 en tu versión favorita de la Biblia:
_____
_____
_____

Reflexiona sobre el pasaje y escribe en tu cuaderno de notas tus pensamientos y sentimientos. ¿De qué manera podrían aplicarse estas palabras a tu vida?
_____
_____
_____
_____
_____

Reflexión personal
¿De qué manera el saber que eres una nueva persona en Cristo cambia la manera en que te ves a ti mismo y tu vida diaria?
_____
_____
_____
_____
_____

¿De qué formas puedes vivir activamente tu nueva identidad en Cristo?
_____
_____
_____
_____
_____

Declaración de afirmación

Escribe lo siguiente en una tarjeta, o crea una declaración personalizada basada en la afirmación que aparece abajo. Repítela en voz alta para ti mismo, junto con las afirmaciones anteriores.

> *Soy una nueva persona en Cristo. Mi vida pasada se ha ido, y una nueva vida ha comenzado. He sido bautizado en Cristo, y ahora Cristo vive en mí. Vivo cada día con confianza y con la expectativa de lo bueno, porque vivo en Él cada día.*

Oración

Escribe una oración en la que agradezcas a Dios por haberte dado el regalo de tu nueva vida en Él.

_____
_____
_____
_____
_____

Reflexión adicional

Dedica unos minutos a una reflexión en silencio, considerando cómo el haber crucificado tu viejo yo con Cristo impacta tu vida y puede seguir influyendo en tu caminar diario con Dios. Escribe en tu cuaderno de notas cualquier entendimiento o revelación que recibas durante este tiempo de reflexión.

_____
_____
_____
_____
_____
_____
_____
_____

24 UNA OBRA INTEGRAL

Alcanzando plenitud

La verdadera transformación implica abrazar la plenitud en cada aspecto de tu vida.

Cuando nacemos de nuevo, Dios nos reclama del dominio del diablo y nos vuelve a etiquetar para Su Reino y Sus propósitos. De la misma manera, tu "A" ya no representa "acusado", sino "absuelto". Dios también transforma otras etiquetas negativas. El enemigo pudo haberte marcado con una gran "R" de "rechazado". Si esa ha sido tu lucha —sin importar la causa o el nivel—, Dios cambia esa etiqueta, esa acusación, esa gran "R" de rechazo y declara: no, esa "R" significa redimido, restaurado, recto y real. Si has enfrentado el rechazo en tu pasado, recuerda que a los ojos de Dios eres todas estas cosas. ¡Todos somos redimidos, restaurados, rectos y reales juntos en Su Reino!

El diablo nos etiqueta a algunos con una gran "D" y dice: "Eres un desastre. Nunca estarás a la altura." Pero la Palabra de Dios nos revela lo que Jesús realmente piensa. Esa "D" significa "deseado" y "digno de amor". Jesús te vio como alguien absolutamente digno de ser amado. Tan valioso que estuvo dispuesto a morir por ti.

Esa "L" declara tu emancipación: ¡liberado por el amor de Dios!

Podríamos recorrer todo el abecedario, pero veamos solo una letra más. El enemigo intenta poner una "V" sobre demasiadas personas—V de "victimizado".

Quiere hacerte creer que eres una víctima y que siempre vivirás bajo esa etiqueta. Una vez víctima, siempre víctima. Pero nuestro Campeón fue al Calvario y derramó Su vida. Dio de Su propio Espíritu para hacerte victorioso. ¡Eres un vencedor—victorioso en Él! Eres muy valioso para Dios. Vales lo que se pagó por ti: la misma sangre de Jesucristo.

Es tiempo de ser libre de percepciones que te han estado deteniendo, paralizando y estancando. Nuestras falsas percepciones de nosotros mismos pueden convertirse en ídolos si no las reconocemos por lo que realmente son. No podemos permitir que nuestros sentimientos dicten nuestras acciones—lo que estamos dispuestos o no dispuestos a hacer y decir—por encima de lo que Dios dice. Sentimientos de insuficiencia, inseguridad o indignidad que gobiernan nuestras vidas deben ser vencidos. Podemos disfrazarlos y llamarlos "humildad", pero esa es una etiqueta equivocada. Son imaginaciones vanas—altiveces que deben ser derribadas (2 Corintios 10:5). Exaltar nuestra propia opinión sobre lo que Dios nos llama a ser es una forma de idolatría. En realidad, es orgullo y temor, rechazando la voluntad de Dios cuando Sus caminos son más altos que los nuestros (Isaías 55:9).

Los versículos que hemos examinado colectivamente en este libro respaldan la idea de que, cuando nacemos de nuevo, Dios nos rescata de la influencia del diablo y nos vuelve a identificar para Su Reino y Sus propósitos.

Tu "A" ya no significa acusado, sino absuelto.

La verdad de Dios sigue avanzando, y Su obra continúa, transformando etiquetas de rechazo, pérdida y victimización en emblemas de redención, restauración, amor y victoria. ¡Es tiempo de ser quien Dios dice que eres y de creer lo que Él dice acerca de ti!

Reflexión y aplicación

Reflexión en el pasaje bíblico
Escribe Efesios 2:10 en tu versión favorita de la Biblia:

_____
_____
_____

Reflexiona sobre el pasaje y escribe en tu cuaderno de notas tus pensamientos y sentimientos. ¿De qué manera podrían aplicarse estas palabras a tu vida?

_____
_____
_____
_____
_____

Reflexión personal
¿De qué manera comprender que eres la obra maestra de Dios cambia la manera en que te percibes a ti mismo?

_____
_____
_____
_____
_____

¿De qué manera el saber que eres amado, digno de amor y victorioso te capacita para vivir más allá de los sentimientos de rechazo, indignidad o victimización?

_____
_____
_____
_____

Declaración de afirmación

Escribe lo siguiente en una tarjeta, o crea una declaración personalizada basada en la afirmación que aparece abajo. Repítela en voz alta para ti mismo, junto con las afirmaciones anteriores.

> *Soy absuelto, no acusado, ni siquiera acusable. Soy redimido, restaurado, justo y real, no rechazado. Soy digno de amor y amado, no un fracasado. Soy victorioso, jamás una víctima. Creo en lo que mi Padre dice acerca de mí.*

Oración

Escribe una oración en la que agradezcas a Dios por la libertad que te da para caminar verdaderamente en esta nueva manera de vivir.

_____
_____
_____
_____
_____
_____

Reflexión adicional

Dedica unos minutos a una reflexión en silencio, considerando cómo el vivir como la obra maestra de Dios te capacita para vivir con confianza y propósito en Su gracia. Escribe en tu cuaderno de notas cualquier entendimiento o revelación que recibas durante este tiempo de reflexión.

_____
_____
_____
_____
_____
_____
_____
_____
_____

25 NO MÁS INCERTIDUMBRE

Encontrando tu verdadero camino

Dar el paso hacia tu nueva vida requiere claridad, dirección, valentía y fe.

Los israelitas vagaron por el desierto durante 40 años. Aunque habían sido liberados de la esclavitud, no tenían que vivir en esa condición. Sin embargo, los cuerpos de miles y miles quedaron atrás—sepultados en el desierto. Esos hombres y mujeres pudieron haber disfrutado de las promesas de Dios si tan solo hubieran abrazado lo que Él tenía para ellos (ver Éxodo 19:5-6). De manera similar, muchos creyentes hoy en día han sido liberados de la esclavitud del pecado, pero continúan vagando en un desierto de incertidumbre y vergüenza, sin conocer su verdadera identidad ni el poder que tienen con Dios y con los hombres.

Dios amplió mi comprensión del concepto de una "A" reidentificada. El Señor me hizo entender que mi "A", lavada por la sangre, significa absuelto... ¡y también levántate!

"Levántate, resplandece; porque ha venido tu luz, y la gloria de Jehová ha nacido sobre ti".
Isaías 60:1

Así como los israelitas tuvieron la oportunidad de entrar en las promesas de Dios, también nosotros somos invitados a entrar en la plenitud de nuestro llamado y herencia como hijos de Dios. Es tiempo de levantarse. ¡Levántate! Sí, significa ponerse de pie, pero también significa "hacerse poderoso" y "salir a la escena". Dios me ha dado valentía para declarar esto: Es tiempo de que los hombres y mujeres de Dios se levanten y reclamen con denuedo y confianza el lugar que les corresponde. No te dejes callar por la vergüenza, abraza quien Dios te creó para ser. Dios te ha dado talentos. Te ha dado dones. Te ha llamado. Estás destinado a la victoria, y a compartir esa victoria con otros.

Creo que Dios le está diciendo a Su pueblo que hay algo más para ellos, pero primero, aquellos entre nosotros deben salir del manto de vergüenza y condenación. Oro para que sientas el mismo mover en tu interior y no titubees. Responde. Di que sí. Rechaza ser detenido por tu propia percepción de limitaciones o insuficiencias.

No es porque tú o yo seamos "algo especial", ¡sino porque Dios lo es! Nuestro oprobio ha sido quitado. Dios nos creó con destino y propósito, a Su misma imagen.

¡El nombre del Dios Todopoderoso está sobre ti! ¡Su favor está sobre ti! Has sido aprobado y absuelto. No importa cuál sea tu nombre; lo que importa es que esté escrito en los anales del cielo. Es tiempo de levantarte, ser un hijo o hija de Cristo, y tomar con confianza tu lugar.

En Su nombre, toda opresión cesará.

Dios plantó semillas de destino y propósito en tu alma. Deja que Su luz brille sobre ellas y que Su agua las empape. Permítele mostrarte cualquier maleza que necesite ser arrancada. Invita a Dios a entrar y verás cómo hace algo hermoso. Esto requiere que estemos dispuestos a venir a Él con un corazón abierto y sin temor. La vergüenza nos hace escondernos, como hicieron Adán y Eva. Pero Dios ya sabía lo que ellos habían hecho, y Él sabe todo sobre ti. Te conoce, y te desea.

Dios quiere cambiar nuestras percepciones—las cosas en las que meditamos—y que permitamos que Él forme nuestra identidad, porque quiere que sepamos que somos Sus hijos e hijas. Tenemos algo más. Hoy es el día para responder, para abrir cada puerta en la cámara de tu alma. A veces, le dejamos entrar, y hasta ahora hemos recibido el don del Espíritu, pero hay cosas que se quedan escondidas en las grietas y rincones del corazón mientras avanzamos en esta vida. El Espíritu Santo quiere enviar agua viva a cada rincón, removiendo lo que está oculto para traer sanidad y limpieza. Dondequiera que fluye el río de agua viva, hay limpieza, sanidad, nueva fertilidad y multiplicación (Apocalipsis 22:1-2). Dios quiere que oigas Su voz. Él quiere que respondas.

Reflexión y aplicación

Reflexión en el pasaje bíblico
Escribe Mateo 5:16 en tu versión favorita de la Biblia:

_____
_____
_____

Reflexiona sobre el pasaje y escribe en tu cuaderno de notas tus pensamientos y sentimientos. ¿De qué manera podrían aplicarse estas palabras a tu vida?

_____
_____
_____
_____
_____

Reflexión personal
¿Cómo resuena el mandato de "levántate" en tu jornada espiritual?

_____
_____
_____
_____
_____

¿De qué maneras puedes dejar atrás cualquier sentimiento persistente de vergüenza o insuficiencia y abrazar tu identidad dada por Dios?

_____
_____
_____
_____

Declaración de afirmación
Escribe lo siguiente en una tarjeta, o crea una declaración personalizada basada en la afirmación que aparece abajo. Repítela en voz alta para ti mismo, junto con las afirmaciones anteriores.

> *Soy libre del oprobio del pecado y de la vergüenza. Jesús los removió hace mucho tiempo. Hoy camino en la luz de Dios, y esa luz brilla en mí de maneras que animan a otros y le dan gloria a Él.*

Oración
Escribe una oración en la que agradezcas a Dios por la limpieza, la sanidad, los dones y la nueva oportunidad de dar fruto.

_____
_____
_____
_____
_____

Reflexión adicional
Dedica unos minutos a una reflexión en silencio, considerando el impacto de abrazar tu llamado a levantarte y vivir en tu identidad dada por Dios. Escribe en tu cuaderno de notas cualquier entendimiento o revelación que recibas durante este tiempo de reflexión.

_____
_____
_____
_____
_____
_____
_____
_____

26 DEJANDO ATRÁS EL PASADO

Libertad en Cristo

Dejar atrás la vergüenza del pasado es esencial para avanzar.

Dios te ha estado hablando mientras lees este libro, y ahora es el momento de soltar para siempre ciertas cargas. Al hacerlo, rinde todo tu corazón a Él. El Rey de gloria entrará, y la sombra de la vergüenza se convertirá en una corona de gloria.

Dios está listo para transformar los sentimientos de deshonra, culpa e indignidad que otros han arrojado sobre ti. También está listo para enfrentar los pensamientos oscuros que nublan tu mente. Cada error, tropiezo, mal juicio o concepto equivocado del pasado puede ser redimido y usado para Su honra y alabanza. Dios convierte la sombra de la vergüenza en una luz resplandeciente. Él hará entrada, cuando entregues tus cargas y levantes tu rostro en Su Presencia. Reemplazará tu vergüenza con gloria.

Eso no significa que no sufrirás en esta vida, pero Dios ya no te ve como un extraño ni como un simple siervo. Tu unión con Cristo te ha llevado a una nueva relación e intimidad espiritual con tu Padre. A través de Su intervención llena de gracia y Su presencia, Dios transforma tu naturaleza y tu posición, capacitándote para vivir conforme a Su voluntad, reflejar Su carácter y demostrar el fruto del Espíritu.

Jesús quiere liberarte del residuo del lodo y la suciedad del mundo mientras te eleva como hijo o hija. Dios te ha adoptado con el estatus y los privilegios de Su propia familia. Como Su hijo, Dios te ha hecho heredero (ver Gálatas 4:7), coheredero con Cristo para participar de Su gloria (ver Romanos 8:17).

Ser elevado a la posición de hijo te lleva a un lugar donde Dios te hace pertenecer—donde tienes valor, propósito y una voz. Dios quiere que vivas con la confianza y seguridad que provienen de saber que eres profundamente amado y aceptado, de una forma que transforma para siempre tu manera de enfrentar la vida, las relaciones y los desafíos. Para muchos, esto será una verdadera revolución, y conlleva un crecimiento necesario para todos.

Sí, el pasado ocurrió, pero no hay necesidad de cargar con su peso cuando Jesús ya lo llevó. Suelta el equipaje del pasado y avanza en tu jornada con Dios.

Como hijo de Dios, la filiación no solo define tu identidad, sino que también da sentido a tu misión.

La misión de Dios en este mundo es cumplir la Gran Comisión, lo cual incluye que Su pueblo viva en comunidad, sirva a los demás, comparta el Evangelio y haga crecer Su Reino. La vida de Su pueblo está marcada por un propósito superior, amor fraternal y una esperanza que sostiene.

Por supuesto, el enemigo no quiere que caminemos con confianza en esta verdad, ¡pero Dios sí! Al salir de la oscuridad que antes proyectaba sombras sobre ti y entrar en Su luz gloriosa, eres capacitado por Su Espíritu para vivir tu llamado con gozo. Puedes levantarte por encima de tu pasado y compartir con el mundo la esperanza de la filiación divina.

Es tiempo de creer en la posibilidad del cambio. Permítete ser renovado y restaurado. Dios no se avergonzó de extender Su mano hacia ti en tu peor momento, y está listo para ayudarte hoy, mañana y siempre. Las historias más hermosas suelen surgir de los lugares más profundos de vergüenza, que Dios transforma —milagrosa y misericordiosamente— en triunfos gloriosos y testimonios poderosos. Él puede hacer de ti un trofeo de Su gracia, y tu jornada puede inspirar y levantar a quienes te rodean.

El Espíritu del Señor está listo para responder a quienes lo invocan.

Declara esto sobre ti mismo:

"¡Declaro libertad en el nombre de Jesús! Creo en Tu Palabra. Que Tu Espíritu ministre hoy en lo más profundo de mi corazón. ¡Declaro sanidad en el nombre de

Jesús! ¡Declaro la revelación de la filiación divina en mi vida! ¡Declaro libertad de todo obstáculo debilitante del pasado en el nombre de Jesús! Declaro liberación de la vergüenza y la culpa, y silencio la voz de la condenación. ¡Declaro libertad de todo tormento—para caminar con confianza y valentía, porque Tú me has llamado Tuyo!"

¡Soy libre en la casa de mi Padre! ¡Libre en el amor de Dios! Tú me das la sabiduría y el discernimiento para reconocer de dónde vienen las voces, y me das las herramientas para saber qué debo permitir y qué debo rechazar. Me hiciste nuevo y continúas renovándome cada día. Me llevas de fe en fe y de gloria en gloria.

Reflexión y aplicación

Reflexión en el pasaje bíblico
Escribe Jeremías 17:14 en tu versión favorita de la Biblia:

_____
_____
_____

Reflexiona sobre el pasaje y escribe en tu cuaderno de notas tus pensamientos y sentimientos. ¿De qué manera podrían aplicarse estas palabras a tu vida?

_____
_____
_____
_____
_____

Reflexión personal
¿Qué cargas necesitas soltar para abrazar tu identidad como hijo de Dios?

_____
_____
_____
_____
_____

¿Cómo puedes buscar activamente la sanidad y la liberación de Dios cada día?

_____
_____
_____
_____
_____

Declaración de afirmación
Escribe lo siguiente en una tarjeta, o crea una declaración personalizada basada en la afirmación que aparece abajo. Repítelo en voz alta para ti mismo, junto con las afirmaciones anteriores.

Soy libre en la casa de mi Padre. Dios me ve completo y hermoso, y me está sanando cada día con Su gran amor. Aun si tropiezo, Su misericordia brilla sobre mí, renovándose cada día, tan cierto como el sol que se levanta y las montañas que permanecen firmes.

Oración
Escribe una oración en la que agradezcas a Dios por ayudarte a dar pasos para soltar tus cargas, liberándote de ellas y recibiendo sanidad.

_____
_____
_____
_____

Reflexión adicional
Dedica unos minutos a una reflexión en silencio, considerando el impacto de soltar tus cargas y caminar en tu nueva identidad en Cristo. Escribe en tu cuaderno de notas cualquier entendimiento o revelación que recibas durante este tiempo de reflexión.

_____
_____
_____
_____

Piensa en alguien que conozcas que pueda beneficiarse de escuchar lo que has aprendido. Comparte con esa persona lo que has experimentado esta semana en relación con obtener libertad de la vergüenza y vivir con propósito.

Compartí con: _____

Fecha: _____

¿Y AHORA QUÉ? Viviendo tu nueva identidad en Cristo

*Cuando Jesús lo vio acostado y se enteró de que ya
llevaba mucho tiempo en aquella condición, le preguntó:
"¿Quieres ser sano?"*
Juan 5:6, NVI

La jornada de superar la vergüenza y abrazar una nueva identidad en Cristo nos ha llevado a un punto crítico: la búsqueda de plenitud.
Es tiempo de explorar nuestro anhelo más profundo y el deseo de Dios de sanarnos.
Inspirado en la pregunta de Jesús al inválido junto al estanque de Betesda: "¿Quieres ser sano?" (Juan 5:6, NVI). Esta sección nos reta a considerar nuestra disposición a abrazar una sanidad y transformación completas.
Veremos herramientas, pasos prácticos, perspectivas espirituales y el poder de la comunidad en nuestra jornada continua hacia la plenitud.

27 OBRA EN PROCESO

Disfrutando la jornada

Nuestro camino hacia la plenitud comienza al reconocer nuestra naturaleza humana, incluyendo nuestras fallas y fragilidades. Al entender que cada creyente es una obra en proceso, con luchas, inseguridades e imperfecciones, podemos abrazar y disfrutar una vida de crecimiento continuo.

Para muchos de nosotros, las experiencias del pasado han moldeado la manera en que nos vemos a nosotros mismos, afectando negativamente nuestra autoestima, productividad y calidad de vida. Ya sea un trauma significativo, una gran pérdida o incluso un evento menor, estas experiencias influyen en nuestra percepción personal. Problemas como la imagen corporal, el abuso pasado, el abandono, el rechazo y las luchas espirituales pueden generar una vergüenza persistente y temor al juicio. Reconocer estas influencias es esencial para avanzar hacia la sanidad y el crecimiento.

La comparación es una trampa.

Como herramienta del enemigo, la vergüenza solo funciona cuando le permitimos que nos etiquete, clasifique y divida. La Biblia es clara: todos dependemos por igual de la gracia de Dios. Cada ser humano tiene fortalezas y debilidades, luchas y logros, y cada creyente está en un proceso de crecimiento espiritual. Por eso Pablo advirtió a los creyentes sobre la falta de juicio al compararnos con otros. No es sabio hacerlo (2 Corintios 10:12). Todos han pecado y ninguno alcanza la santidad de Dios (Romanos 3:23). Dios no tiene personas perfectas con quienes trabajar, y nuestro valor no depende de nuestro desempeño. Entender esto debería liberarnos para tratar con gracia tanto a nosotros mismos como a los demás.

Heridas emocionales y vergüenza

Las heridas emocionales están estrechamente ligadas a la vergüenza, pues penetran profundamente en nuestro ser. Palabras duras, acciones hirientes y actitudes o ambientes negativos pueden dejar cicatrices duraderas. Estas heridas a menudo provienen del abuso—ya sea físico, sexual, mental o verbal—, del duelo, el rechazo (incluyendo la negligencia o el abandono por parte de los padres), y del trauma. Incluso las figuras de autoridad pueden causar heridas emocionales cuando quebrantan y maltratan el espíritu (Efesios 6:4).

Cualquiera que sea su origen, estas heridas generan una sensación persistente de indignidad y falta de confianza en uno mismo que se manifiesta como vergüenza y se aferra a nuestra alma. Cuando interiorizamos experiencias negativas, la vergüenza alimenta y amplifica cualquier sentimiento de ser insuficientes o indignos de amor. Al creer que estamos solos, muchas veces dudamos en buscar sanidad y apoyo. Esta sensación de aislamiento solo profundiza las heridas y refuerza la vergüenza.

Así como nuestros cuerpos físicos pueden dañarse, nuestras emociones también pueden sufrir daño. Dado que estas heridas suelen ser más profundas que las físicas, pueden ser difíciles de detectar.

Algunas personas pueden tener emociones dañadas sin darse cuenta del motivo por el cual se sienten como se sienten, o por qué responden a la vida y ven las cosas desde cierta perspectiva.

Las heridas emocionales pueden transmitirse de la madre al hijo, afectando el bienestar emocional del niño.

Un estudio sobre el estrés materno y el desarrollo infantil descubrió que el estrés de una madre durante el embarazo puede afectar el desarrollo cerebral de su hijo, aumentando el riesgo de trastornos emocionales y conductuales. Algunas personas cargan con los mismos pesos y cargas que llevaron sus antepasados, un fenómeno conocido como trauma intergeneracional. Estos problemas pueden transmitirse de generación en generación. Como creyentes, estos traumas y dolores no nos definen, pero sí nos afectan. Los efectos emocionales, psicológicos y sociales del trauma pueden heredarse. Por ejemplo, si una madre experimenta trauma o depresión durante el embarazo, estas emociones pueden transferirse al niño, afectando la capacidad del bebé para manejar el estrés.

No solo existen consideraciones biológicas, sino que los niños criados en entornos sobreprotectores, ansiosos o emocionalmente inaccesibles pueden ver afectado su desarrollo emocional y psicológico. Numerosos estudios destacan la prevalencia de la ansiedad, la depresión y el trastorno de estrés postraumático (TEPT) en los hijos y nietos de sobrevivientes del Holocausto. Esto se debe tanto a la transmisión directa del trauma a través de la crianza como a los cambios genéticos provocados por el estrés extremo que vivieron sus antepasados. El dolor resuena, reverberando a través de las generaciones y afectando su bienestar. Aunque la terapia es una excelente forma de apoyo, los datos también muestran que los enfoques basados en la fe pueden marcar una diferencia significativa. Cuando los creyentes acuden a Dios en busca de ayuda, pueden encontrar sanidad y apoyo que complementan los métodos terapéuticos tradicionales.

La fe y el pertenecer a una comunidad de fe pueden ayudar a quienes sufren de traumas intergeneracionales.

Pasos personales hacia la sanidad

Las heridas emocionales pueden ser profundas y afectar nuestra vida de maneras que ni siquiera imaginamos. A veces, no entendemos por qué sentimos o reaccionamos de cierta forma. Como creyentes, podríamos esperar una sanidad emocional instantánea y completa al venir al Señor. Si bien Dios puede obrar milagros —y debemos esperarlos—, la sanidad emocional con frecuencia requiere enfrentar y sacar a la luz nuestras heridas más profundas. Dios sana lo que revelamos (Santiago 5:16). Si enterramos nuestro dolor emocional, también enterramos la posibilidad de una verdadera sanidad.

Jesús ofrece sanidad para todo nuestro ser— cuerpo, mente, y espíritu.

Ninguna herida interior es demasiado grave para Dios. Su poder sanador es real, y en Su sabiduría, Él diseñó a Su pueblo para vivir en una comunidad amorosa y solidaria. No cometas el error de subestimar el poder que está disponible para ti a través de la gracia de Dios y el apoyo de los demás. Hay fortaleza en la unidad, en apoyarnos en Dios y en caminar esta jornada juntos.

Como individuos, nuestro primer paso hacia la sanidad es reconocer y admitir nuestras heridas invisibles. A partir de ahí, las presentamos delante de Dios, oramos por sanidad y confiamos en Su poder para restaurarnos y reconstruirnos. Al orar y meditar en Dios y en Su Palabra, nos alineamos con Su corazón, lo cual trae una paz que sobrepasa todo entendimiento. Cuando la presencia y la paz de Dios nos rodean, podemos comenzar a identificar, procesar y soltar el trauma, disminuir la ansiedad y aumentar nuestra sensación de calma.

Saturar nuestra mente con la verdad y las promesas de Dios crea espacio y lugar para que Su Palabra transforme nuestros pensamientos y emociones. Las Escrituras no son simplemente textos antiguos; la Palabra de Dios está viva, es activa y habla vida a lo más profundo de nuestro ser. Corrige nuestros pensamientos errantes y nos recuerda el amor inquebrantable de Dios. A diferencia del enemigo, que viene para robar, matar y destruir, Dios desea prosperarnos y librarnos de todo mal (Jeremías 29:11). Meditar en pasajes que destacan el amor y el cuidado de Dios puede ayudarnos a superar los efectos del trauma intergeneracional.

La autocompasión también es una herramienta poderosa para la sanidad. Debemos tener paciencia con nosotros mismos y entender que los retrocesos forman parte del proceso. Sin embargo, no debemos permitir que los tropiezos nos hagan volver a patrones antiguos de pensamiento y conducta. Tal vez, más que cualquier otra cosa, experimentar el perdón y la gracia de Dios de forma personal puede romper ciclos dañinos y permitirnos avanzar con libertad.

> *El perdón abre la puerta a la sanidad y nos libera de las cadenas del pasado.*

Aprender a perdonarnos a nosotros mismos y a los demás puede soltar el control de las heridas del pasado y abrir la puerta a la sanidad emocional y espiritual.

Pasos comunitarios hacia la sanidad

Además de nuestra fe personal y privada, la participación en la iglesia es vital. Las relaciones que establecemos y las experiencias transformadoras que vivimos pueden romper cadenas de vergüenza y traer sanidad del trauma. Conectarnos con personas comprensivas, solidarias y que oran puede reducir los sentimientos de aislamiento y fomentar la sanidad. Nuestras familias de la iglesia local son testigos del poder de la sanidad colectiva. Como comunidad, nos levantamos unos a otros, compartimos nuestras cargas y encontramos fortaleza juntos.

En última instancia, cuando la iglesia enseña la resiliencia a través del lente de la fe —integrando enseñanzas bíblicas, oración y apoyo comunitario— sus miembros están mejor preparados para enfrentar el estrés y el trauma, y para desarrollar fortaleza emocional y espiritual. La resiliencia no es solo una palabra; es una forma de vida. Significa que seguiremos elevándonos por encima del dolor y permaneciendo firmes en las promesas de Dios. Al incorporar métodos fundamentados en la fe, podemos ayudar a muchos a romper el ciclo del trauma, tanto en nuestras vidas como en las de las generaciones futuras.

A través de actividades como la adoración, la comunión fraternal y actos de fe como la unción y la oración colectiva, involucramos todo nuestro ser —cuerpo, mente y espíritu— en la renovación espiritual y la sanidad emocional. Al participar en estas prácticas, desarrollamos fortaleza emocional y espiritual, y cultivamos un sentido de comunidad y apoyo que nos ayuda a enfrentar los desafíos de la vida.

Al conectarnos, encontramos propósito. Al servir a los demás, experimentamos sanidad.

Déjame contarte una historia real y poderosa.

Una amiga me compartió el momento más bajo de su vida. Después de un matrimonio fallido, la pérdida de un bebé y varias pérdidas personales —incluyendo su hogar, su empleo y su automóvil—, se sintió abandonada y completamente sola. En su momento más oscuro, clamó a Dios esperando consuelo. En cambio, escuchó: "Ya has recibido suficiente; es hora de comenzar a dar." Aunque no era lo que esperaba —y sintió que era como echar sal a la herida—, decidió obedecer la dirección de Dios. Al cambiar su enfoque del dolor hacia el servicio a los demás, comenzó a enseñar en la escuela dominical, y eso se convirtió en un camino hacia la sanidad. Al entregarse a otros, encontró una restauración y transformación genuina. Le cambió la vida, profundizó su fe y le enseñó que, a veces, ayudar a otros a sanar es la mejor manera de sanar uno mismo.

La historia de mi amiga es única para ella, y cada situación es diferente. La guía de Dios se manifiesta de diversas maneras, así que lo que funcionó para ella puede que no funcione para ti. Aun así, la lección es poderosa: a veces, ayudar a otros puede sanar nuestro dolor. Todos tenemos nuestro propio camino, pero podemos estar abiertos a la manera en que Dios podría usarnos para bendecir a otros, incluso cuando estamos pasando por dificultades. Mientras buscas el plan de Dios para tu sanidad y crecimiento, recuerda el valor de ser un miembro activo de la comunidad de fe.

Tanto a nivel emocional como espiritual, los enfoques basados en la fe pueden ayudar a las personas a sobrellevar el trauma intergeneracional que contribuye a la vergüenza.

Consejería basada en la fe

Tal vez hay algo en tu vida que ha causado vergüenza y, aunque eres cristiano, no estás seguro de cómo sanar el dolor asociado. La consejería basada en la fe es una opción que puede cerrar la brecha entre nuestras necesidades espirituales y nuestra salud mental, abordando a la persona en su totalidad, tal como lo hizo Jesús (Mateo 9:35, 11:28; Marcos 5:35; Lucas 4:18-19, 7:22; Juan 10:10, 14:27). Trabajar con un terapeuta cristiano profesional, o combinar la terapia con consejería basada en la fe, puede abordar tanto los aspectos psicológicos como espirituales de la vergüenza relacionada con el trauma. Los consejeros que integran la fe en su práctica nos ayudan a explorar nuestras experiencias a la luz de nuestras creencias. Para quienes han enfrentado vergüenza a causa del trauma, integrar la fe con la terapia puede darte el poder de liberarte de las sombras del pasado. Al apoyarte en tu fe, con la ayuda de un profesional, puedes encontrar una esperanza renovada, fortaleza y propósito, rompiendo las cadenas del trauma y abriendo el camino para que las futuras generaciones caminen en victoria.

Estamos en una jornada de crecimiento y, al mismo tiempo, somos obras maestras en proceso. El poder sanador de Dios está obrando en nosotros, haciéndonos íntegros, restaurándonos y liberándonos. Fuimos creados para caminar en esa libertad juntos. Comprender que todos estamos en constante transformación nos permite disfrutar la vida incluso durante el proceso de cambio. Cada paso, ya sea hacia adelante o hacia atrás, forma parte del método de Dios para moldearnos a Su imagen. Celebremos nuestro progreso y aprendamos de nuestros tropiezos, sabiendo que la gracia de Dios es suficiente para cada momento.

Resumen

Las experiencias del pasado ya sean traumas significativos o eventos menores, moldean nuestra autoestima y calidad de vida. Reconocer que cada creyente enfrenta sus propias luchas, inseguridades e imperfecciones nos permite abrazar un crecimiento continuo. Podemos sanar y superar la vergüenza y el trauma por medio de la fe, el apoyo de la comunidad y los enfoques basados en la fe, abriendo así el camino para que las futuras generaciones caminen en victoria.

Idea principal

Al abrazar la gracia de Dios y participar activamente en una comunidad de fe, podemos experimentar una verdadera transformación y ayudar a otros.

Puntos para reflexionar

- ¿Cómo te ayuda formar parte de una comunidad de fe a sentirte apoyado y menos aislado en medio de tus luchas?
- ¿Cómo podrías integrar la fe y las prácticas terapéuticas para abordar los aspectos emocionales o espirituales del trauma?

28 LA PREGUNTA SOBRE LA SANIDAD

Confiando en el poder de Dios

La pregunta que Jesús le hizo al hombre junto al estanque de Betesda —"¿Quieres ser sano?"— es profunda. ¿Has considerado tu disposición para confiar plenamente en el poder de Dios y abrazar la plenitud que Jesús ofrece?

Es posible ser salvo, estar lleno del Espíritu Santo y vivir una vida santificada, y aun así luchar con pensamientos y patrones que no se alinean con el plan de Dios. Nuestras experiencias de vida han moldeado nuestra mente y han creado mecanismos de respuesta que, a veces, obstaculizan nuestro caminar espiritual.

Jesús fue al Calvario por más que solo salvar tu alma. Él anhela impartir salud y plenitud a Sus preciosos hijos e hijas (Juan 10:10; 14:27; Lucas 4:18). Estos dones divinos son para todos, y como todo don espiritual, operan por medio del amor.

Si entendiéramos plenamente el amor de Dios por nosotros, experimentaríamos una mayor sanidad en nuestra mente, pensamientos y emociones.

Dios está contigo en todo momento, y Él es tu sanador. Cuando Jesús sanaba, no solo trataba condiciones físicas. En la perspectiva hebrea, que Jesús abrazó, cada persona es un ser integral: cuerpo, mente y espíritu entrelazados. Jesús echaba fuera espíritus y ministraba sanidad a enfermedades que afectaban a la persona en su totalidad. Las enfermedades van más allá de lo físico; incluyen cualidades, hábitos o disposiciones que nos hacen daño. La palabra "disease" (enfermedad) proviene de una palabra del francés antiguo formada por otras dos: "dis" y "ease." En su esencia, significa "falta de bienestar." Si estás lidiando con una "falta de bienestar," quiere decir que estás experimentando dolor o incomodidad en algún área de tu vida.

Tú cargas con pesares que te hacen sufrir de alguna manera. Así como las necesidades físicas pueden causar dolor mental y emocional, las necesidades mentales o emocionales también pueden manifestarse como dolor físico.

Pero Dios es sanador. Él sigue siendo Creador, Libertador y Restaurador. Nada es imposible para Dios. Cuando Jesús caminó por la Tierra Santa, no solo tocó cuerpos. Tocó personas, incluso a aquellas consideradas "intocables". Sanó a los impuros, como la mujer con flujo de sangre, quien fue sana (Mateo 9:21–22).

Compasión sin fronteras

Durante Su ministerio, Jesús se movía constantemente, difundiendo el mensaje de esperanza, sanidad y redención. Un día, mientras se dirigía hacia la región de Tiro y Sidón, una mujer de esa zona, cananea de nacimiento, se le acercó con una súplica desesperada. Un espíritu maligno atormentaba a su hija, y en su desesperación, buscó al único en quien creía que podía salvar a su niña.

Esta mujer no formaba parte de la comunidad judía. No pertenecía al pueblo escogido de Israel. Sin embargo, su amor por su hija y su fe en que Jesús podía ayudarla la impulsaron a cruzar límites culturales y religiosos. Mientras Jesús y sus discípulos caminaban, la mujer clamaba: "¡Señor, Hijo de David, ten misericordia de mí! Mi hija es gravemente atormentada por un demonio".

Al principio, Jesús no respondió. Continuó caminando como si no la hubiera oído. Pero el amor de esta madre era intenso, y su fe, inquebrantable. Persistió, suplicando la sanidad de su hija. Los discípulos, quizás molestos por su insistencia, le rogaron a Jesús que la despidiera. Pero en lugar de rechazarla, Jesús le habló: "No está bien tomar el pan de los hijos y echarlo a los perrillos", dijo, repitiendo el sentir común entre los judíos de la época, quienes consideraban que los cananeos estaban fuera de las bendiciones del pacto con Israel.

Estas palabras podrían haber sonado duras, incluso como un rechazo, para muchos. Pero no para esta mujer. Su fe vio más allá de lo que otros habrían considerado una negativa. No se dejó desanimar. "Sí, Señor," respondió, "pero aun los perrillos comen de las migajas que caen de la mesa de sus amos".

Su respuesta detuvo a Jesús en seco. Su humildad, persistencia y fe en Su poder trascendieron las barreras culturales y religiosas. Conmovido, Jesús le dijo: "Oh mujer, grande es tu fe; hágase contigo como quieres". Desde aquel momento, su hija fue sanada (Mateo 15:27-28).

La hija de esta mujer sufría de una condición que le causaba desasosiego, una profunda falta de paz que la atormentaba tanto emocional como físicamente. Aunque no toda enfermedad física tiene raíces espirituales o emocionales, a veces están entrelazadas. ¿La buena noticia? Jesús tiene autoridad sobre toda forma de enfermedad, sea física, emocional o espiritual.

El toque sanador de Jesús va más allá de nuestros males físicos. Él atiende la totalidad de nuestro ser: cuerpo, mente y espíritu. Así como respondió a la fe de esta madre determinada, también responde a nuestro clamor, ofreciéndonos plenitud y paz. No importa cuál sea la fuente de nuestro desasosiego, podemos confiar en Su poder para sanarnos y restaurarnos por completo.

Pan para los hijos de Dios

Podemos aprender muchas cosas maravillosas de esta historia, pero quiero llamar tu atención a algo que saltó de la página cuando lo leí. Esta liberación que necesitaba la hija de la mujer, esta sanidad que su madre buscaba, Jesús la llamó "pan" para los hijos de Dios. Un Padre amoroso provee pan para Sus hijos. Danos hoy nuestro pan de cada día, Señor. Haznos plenos, completos en Ti.

La plenitud es un regalo de Dios; es pan para Sus hijos.

No debería sorprendernos. No es la excepción a la regla. La plenitud es integridad, la plenitud es unidad, la plenitud es paz. Jesús es el Príncipe de Paz, el "Soberano coronado" de la plenitud, el Santo de la unidad. Su reino es el Reino de Paz, no un lugar de ansiedad o inquietud, sino un reino de paz y descanso.

Él vino para hacernos plenos y para hacernos uno: uno con Él y uno con los demás. Esta es la voluntad de Dios. Esta es la obra que Jesús vino a realizar. Él dijo: "El Espíritu de Jehová el Señor está sobre mí, porque me ungió Jehová; me ha enviado a predicar buenas nuevas a los abatidos." ¡Aleluya! ¡Este es nuestro Dios!

Jesús escucha nuestro clamor

En la bulliciosa ciudad de Jericó, un hombre ciego llamado Bartimeo estaba sentado junto al camino, pidiendo limosna (Marcos 10:46-52; Lucas 18:35-43).

Había escuchado las historias de un hombre llamado Jesús: un sanador, un obrador de milagros y un profeta de Nazaret. Bartimeo, aunque ciego, tenía una visión de esperanza y fe más grande que sus limitaciones físicas. Su corazón anhelaba un milagro.

Bartimeo escuchó el alboroto mientras Jesús y Sus discípulos salían de la ciudad, acompañados por una gran multitud. Percibió que ese era su momento, su oportunidad para un milagro. Con una voz cargada de desesperación y fe, gritó: "¡Jesús, Hijo de David, ten misericordia de mí!" La multitud que lo rodeaba intentó hacerlo callar, reprendiéndolo y diciéndole que se quedara en silencio. Pero Bartimeo se negó a desanimarse. Clamó aún más fuerte: "¡Hijo de David, ten misericordia de mí!"

Este no fue solo un clamor por ayuda, sino una declaración de fe. Al llamar a Jesús "Hijo de David", Bartimeo lo reconocía como el Mesías prometido. Su clamor por misericordia era una confesión de su necesidad y un reconocimiento de la autoridad y compasión de Jesús.

Jesús se detuvo.

En medio del ruido y de la multitud, Jesús escuchó la voz de un mendigo ciego. Llamó a Bartimeo para que se acercara a Él. Aquellos que antes intentaban silenciar a Bartimeo ahora lo animaban: "¡Ánimo! ¡Levántate! Te llama". Bartimeo, arrojando su manto, se puso en pie de un salto y se acercó a Jesús.

"¿Qué quieres que haga por ti?", le preguntó Jesús. El ciego respondió: "Rabí, quiero ver". "Vete", dijo Jesús, "tu fe te ha sanado". Inmediatamente, Bartimeo recobró la vista y siguió a Jesús por el camino.

Este encuentro entre Bartimeo y Jesús está lleno de lecciones para nosotros hoy. A pesar del desánimo de la multitud, el clamor persistente de Bartimeo por misericordia demuestra una fe que no se deja silenciar. Es un recordatorio de que nuestros clamores por misericordia son escuchados, sin importar cuán marginados o insignificantes podamos sentirnos. Jesús respondió a Bartimeo restaurando su vista física y reconociendo y recompensando su fe.

Bartimeo nos enseña que la fe no consiste solo en creer en el poder de Jesús, sino también en reconocer nuestra necesidad de Su misericordia. Se trata de dejar a un lado los mantos de inferioridad, duda, miedo u orgullo, y acercarnos a Él con un corazón lleno de expectativa. La pregunta de Jesús: "¿Qué quieres que haga por ti?" nos invita a ser específicos en nuestras peticiones y a expresar delante de Él nuestros deseos y necesidades más profundos.

Un Sanador Compasivo

En ambas historias vemos a un Salvador cuya compasión y poder sanador trascienden todas las fronteras —étnicas, sociales o espirituales—. Su amor y sanidad alcanzan a todos, sin importar su condición o procedencia. Vemos a un Salvador que se detiene por uno solo, que escucha el clamor del desesperado y responde. Vemos a un Dios que no está distante ni indiferente, sino profundamente involucrado en la vida de quienes lo buscan.

Al igual que Bartimeo y la madre angustiada, nosotros también podemos acercarnos con valentía al trono de Dios y clamar a Jesús con confianza. Jesús nos invita a acercarnos a Él, confiando en Su poder ilimitado para restaurar la plenitud en cada área de nuestra vida. No importa la fuente de nuestro dolor físico, emocional o espiritual, Él está dispuesto a restaurarnos por completo. Su gracia es suficiente, Su amor no tiene fin y Su poder sanador no conoce límites.

¡Anímate! Persevera en tu fe a pesar de las dificultades que enfrentas. Presenta tus peticiones, confiando en que Jesús responderá a tus necesidades más profundas. Es tiempo de dejar de ser detenido por cualquier voz, incluso aquellas en tu subconsciente que intentan silenciar tu fe. Es tiempo de buscar la misericordia y la gracia de Dios. Porque en Él encontramos la respuesta a nuestras necesidades inmediatas, la plenitud de la vida y la integridad que solo Él puede dar.

Confrontando la desesperanza

Comenzamos este capítulo con un momento conmovedor de la historia del hombre paralítico junto al estanque de Betesda. Este encuentro trata de mucho más que del poder milagroso de Jesús. Profundiza en las dimensiones psicológicas y espirituales de la sanidad.

Imagínalo: una gran multitud de enfermos y discapacitados yacía junto al estanque de Betesda, creyendo que las aguas tenían poder sanador. Entre ellos había un hombre que llevaba 38 años inválido. Jesús lo vio y le hizo una pregunta que podría parecer insensible: "¿Quieres ser sano?" (Juan 5:6, RVR1960).

Esta pregunta no se refería solo a la sanidad física. Jesús quería que ese hombre reconociera su deseo de cambio. Después de 38 años, su enfermedad se había convertido en parte de su identidad. Era como si le dijera: "Reconoce tu deseo. ¿Realmente quieres ser transformado?"

Cuando el hombre respondió, se podía oír la desesperanza en su voz: "Señor, no tengo quien me meta en el estanque cuando se agita el agua; y entre tanto que yo voy, otro desciende antes que yo" (Juan 5:7, RVR1960). Jesús desafió su mentalidad, empujándolo a mirar más allá de sus circunstancias y excusas, y a fijar sus ojos en Aquel que podía sanarlo.

Al preguntar: "¿Quieres ser sano?", Jesús estaba sondeando la disposición espiritual de aquel hombre. No se trataba solo de desear salud física, sino de preparar su corazón para una nueva forma de vivir. Durante tantos años, la vida de este hombre había estado definida por su condición. Jesús le estaba diciendo: "¿Estás listo para entrar en una nueva identidad? ¿Estás preparado para dejar atrás la familiaridad de tus aflicciones pasadas?" Él buscaba una chispa de fe, una señal de que el hombre estaba listo para creer en la posibilidad de una vida nueva, libre de su antigua condición.

En esta pregunta, vemos cómo Jesús revela una verdad fundamental: la sanidad y restauración divinas a menudo requieren nuestra participación. El poder de Dios está listo para transformarnos, pero debemos estar dispuestos a permitirle obrar. Al preguntarle si quería ser sanado, Jesús lo invitó a asumir un papel activo en su proceso de sanidad. Fue un llamado a la fe, a creer en la posibilidad de una vida nueva y a confiar en Jesús como la fuente para obtenerla.

Después de escuchar la situación del hombre, Jesús le dijo: "Levántate, toma tu lecho y anda" (Juan 5:8, RVR1960). Inmediatamente, el hombre fue sanado, tomó su lecho y caminó. Este milagro demuestra la autoridad de Jesús sobre las enfermedades físicas y Su profunda compasión por los que sufren. Nos muestra que la verdadera sanidad proviene de una intervención divina directa.

¿Quieres ser sano?

Debemos confrontar nuestra disposición y voluntad de ser sanados. Esto implica reconocer y expresar un deseo genuino de cambio en aquellas áreas donde estamos estancados o limitados. La interacción de Jesús con el hombre paralítico nos enseña a ir más allá de los sentimientos de desesperanza y mirar a Dios en busca de ayuda, sin importar cuánto tiempo hayamos estado en nuestra situación actual. Recuerda: la sanidad requiere tanto fe como acción. Debemos creer en el poder sanador de Jesús y estar dispuestos a dar los pasos que Él nos ordena, confiando en Su guía y fortaleza.

Es tiempo de abrazar esta verdad. La sanidad no se trata solo de lo físico. Jesús puede hacernos plenos, pero debemos estar listos para recibirlo. ¿Quieres ser sano? El poder de sanidad está aquí. Entra en Él, confiando en el Sanador divino que hace nuevas todas las cosas.

Una reflexión personal sobre la sanidad física

Aunque este libro se enfoca en la sanidad interior y la libertad de la vergüenza, no podemos cerrar este capítulo sin hablar de la sanidad física. El poder de Dios para sanar es inmenso e inmutable, pero la enfermedad y la muerte forman parte de nuestro mundo—consecuencias temporales de la Caída. A veces no vemos una sanidad física inmediata, a pesar de nuestras oraciones y fe. Por favor, no tomes esto como un reflejo de una falta de voluntad de parte de Dios ni como una carencia de fe. Más bien, nos recuerda que nuestra sanidad definitiva está en la eternidad. En esos momentos, confiamos en que Su amor y sabiduría están obrando para traer una sanidad y transformación más profundas.

Quedé viuda a los 32 años. Sé que Dios obra de maneras que no siempre comprendemos ni esperábamos. Mientras mi esposo moría de cáncer —y déjame aclarar, él no quería morir— tuvo un encuentro con Dios de la manera que siempre había anhelado. Escribí nuestra conversación para no olvidarla. Cuando fue salvo por primera vez, leyó en la Biblia: "No hay justo, ni aun uno" (Romanos 3:10), y se preguntó: "¿Y si yo pudiera ser uno? ¿Qué podría hacer Dios con mi vida?" Su sueño era entregarle todo a Dios.

Pete tenía una relación con Dios, pero siempre deseó tener más libertad en la adoración. Mientras su cuerpo se deterioraba y el cáncer le consumía los huesos, experimentó lo que dice la Escritura. Su hombre exterior se desgastaba, pero su hombre interior se fortalecía (2 Corintios 4:16). Estaba lleno de gozo y paz. Dios lo encontró y le dio aquello que su alma anhelaba.

Pete estuvo enfermo durante un año, lo que le dio tiempo para pintar una obra maestra: una impresionante recreación de la sanidad en el estanque de Betesda. Imagina la escena conmigo.

Susurros se esparcían entre la multitud mientras Jesús caminaba entre los hombres y mujeres enfermos. El murmullo de la gente se desvaneció en silencio cuando el Señor disminuyó el paso y luego se detuvo ante un hombre que yacía sobre un lecho cerca del estanque.

El rostro hundido del hombre débil se levantó para encontrarse con la mirada de Aquel que estaba frente a él.

Sus ojos se cruzaron.

Jesús preguntó: "¿Quieres ser sano?"

Con tonos sepia sobre un lienzo tensado, Pete ilustró más que un milagro. En la sección superior, bajo unos hermosos pórticos arqueados, Jesús miraba al hombre paralítico. En el tercio inferior de la pintura, en el reflejo del agua, aparecía una imagen en espejo de la escena de arriba, con una excepción. No visible al ojo natural, un ángel ya estaba levantando al hombre para su sanidad. Pete pintó una imagen que muestra cómo los milagros comienzan en el ámbito invisible, a través de la obra sobrenatural de Dios, antes de que los veamos en el mundo físico. Yo creo que esto es verdad.

Pete recibió su sanidad espiritual aquí, y su sanidad física del otro lado.

Lo grabé orando cerca del final, mientras expresaba su gratitud por "las oraciones de los santos". Dijo: "Las personas no sabían por qué oraban, pero Tú sabías lo que yo necesitaba, Señor. Tú sabías lo que yo necesitaba". Y continuó: "Y ahora oro por otras almas que se están hundiendo en el lodo cenagoso, para que Tú puedas revelarles lo mismo que me revelaste a mí".

La historia de Pete nos lleva de vuelta al tema central de este capítulo: la invitación de Jesús a la plenitud, una plenitud que alcanza lo más profundo de nuestro corazón y alma para producir una verdadera transformación en nuestro ser interior y eterno. Podemos decir que sí, y permitir que Su gracia obre Su voluntad en nosotros.

Resumen

La pregunta de Jesús al hombre paralítico junto al estanque de Betesda resalta la importancia de la disposición personal y la fe. En los relatos de la mujer con flujo de sangre, la madre cananea y el ciego Bartimeo, vemos que el toque sanador de Jesús abarca la totalidad de nuestro ser: cuerpo, mente y espíritu. La sanidad implica reconocer nuestra necesidad de transformación, vencer la desesperanza y participar en la obra sanadora de Dios.

Idea principal

Confiando en el inmenso poder de Dios, debemos abrazar la sanidad y la plenitud que Jesús ofrece.

Puntos para reflexionar

- ¿Qué significa para ti el "pan de cada día" en el contexto de la nutrición espiritual y emocional? ¿Cómo puedes buscar esta provisión diaria de parte de Dios?
- Jesús preguntó: "¿Quieres ser sano?" ¿Estás listo y dispuesto a abrazar la plenitud que Jesús ofrece física, emocional y espiritualmente?

La sanidad en el estanque de Betesda
Pintura de Peter L. Kalajian (1948–1997)

29 RESTAURADOS Y REDIMIDOS

Viviendo la nueva vida

Jesús proclamó el año agradable del Señor, lo que significa: "¡Hoy es el día! ¡Ahora mismo! ¡Este es el tiempo señalado!" Sí, hay un día futuro en que Jesús regresará, y el juicio vendrá para todos, pero ese momento no es este momento.

Hoy, el Espíritu del Señor sigue consolando a los que lloran y dando belleza a los que llevan ceniza. Jesús vino a cambiar el lamento en majestad, el dolor en gozo, a reemplazar el cilicio de la oscuridad con el manto de alabanza.

Cuando Jesús tomó el rollo de Isaías al inicio de Su ministerio público, declaró Su misión de predicar, sanar y traer recuperación—específicamente, recuperación de la vista a los ciegos. Dios ha llegado hoy a tu casa a través de esta palabra para restaurar tu visión y percepción. Él quiere que te veas como Él te ve y como el vencedor que eres.

Recuerda: la restauración completa suele ser un proceso. Jesús declaró que había venido a "poner en libertad a los oprimidos". Los moretones suceden, incluso entre los hijos de Dios. La vida nos golpea, y salimos heridos. Cuando Jesús leyó sobre liberar a los quebrantados, el texto original en Isaías se refería al espíritu de pesadez.

La pesadez significa oscuridad. Los moretones son manchas oscuras, rupturas en nuestro interior, que representan áreas de nuestra vida donde llevamos dolor y heridas. La misión de Jesús es traer luz a esos lugares oscuros, ofreciendo sanidad y libertad de las cargas que nos agobian.

Al mirar en la Palabra, descubrimos que el moretón —la pesadez y la oscuridad— se refiere a una mecha con una llama diminuta. Es una llama titilante que está a punto de apagarse. Pero Isaías nos dijo que el Mesías no quebrará la caña cascada ni apagará el pábilo que humea (Isaías 42:3). The Message lo expresa así:

Él no pasará por alto los moretones ni el dolor, ni despreciará a los pequeños o insignificantes, sino que con firmeza y constancia pondrá todo en orden.

Jesús viene a restaurar y sanar con ternura, atendiendo nuestras heridas con gran cuidado y compasión. Nuestro Dios es un auxilio siempre presente, capaz de poner todo en orden con firmeza y seguridad. Nada es imposible para Él, sin importar cuánto tiempo hayas lidiado con un problema o cargado con un moretón. Dios vino a sanar todo y a restaurarlo todo.

El mismo pasaje de Isaías del que Jesús leyó declara que, después de vendar, liberar, sanar y restaurar, Él llamará a Su pueblo árboles de justicia, plantados por el Señor para Su gloria. No solo se reconstruirán las ruinas, sino que los restaurados y liberados serán llamados sacerdotes de Jehová y ministros de nuestro Dios (Isaías 61:6). En lugar de vergüenza y deshonra, recibirán doble honra y gozo perpetuo (Isaías 61:7).

El primer salmo nos dice que Dios quiere hacerte como un árbol plantado junto a corrientes de aguas, que da su fruto a su tiempo y cuyas hojas no caen. ¡Jesús no vino a apagar tu llama, sino a encender tu fuego! Cuando eres Su árbol de justicia, prosperarás. Tienes una nueva perspectiva, meditando en la Ley del Señor. Te enfocas en lo que es verdadero, puro y sano, siendo continuamente renovado en el espíritu de tu mente. Te deleitas en Sus caminos, que son victoriosos, fructíferos y plenos.

Dios prometió que edificaría los lugares antiguos desolados y levantaría las zonas que antes estaban en ruinas. La versión Reina-Valera traduce esto como la reparación de ciudades devastadas, pero se refiere también a la restauración de personas ¡e incluso generaciones! Dios se especializa en la renovación y la restauración, transformando lo que una vez estuvo roto en algo hermoso y lleno de vida. Él quiere devolver la vida a cada aspecto de tu existencia, asegurándose de que incluso las partes más descuidadas sean revitalizadas y llenas de propósito.

Los moretones no solo afectan a quien los recibe; las personas heridas hieren a otras personas. El golpe que alguien más recibió pudo haberse transmitido a ti, y eso puede afectar a la generación que viene después de ti. Pero Jesús dijo: "Consumado es". Él fue al Calvario por cada necesidad y vino a restaurar por completo a Su pueblo… a todo aquel que quiera venir a Él.

Los diez leprosos

Nadie está obligado a recibir una sanidad total. Por difícil que sea comprenderlo, algunas personas se conforman con solo recibir una bendición o tener una experiencia. No todos los que aparecen en las Escrituras fueron sanados completamente. Vemos un ejemplo de esto cuando Jesús sanó a los diez leprosos (Lucas 17:11-19). Los diez fueron limpiados, pero solo uno regresó a Jesús para dar gracias. ¿Qué sucedió con ese hombre? Jesús le dijo que su fe lo había sanado por completo (Lucas 17:19).

¿Cómo manifestó su fe este leproso? ¿Acaso actuó de manera diferente a los demás que clamaron por misericordia y fueron limpiados? Al principio, no. Pero regresó a Jesús, adoró a Dios y le dio gracias. Ese acto de volver, expresar gratitud y rendir adoración demostró su fe, lo cual lo condujo a recibir una sanidad total, una restauración que lo liberó incluso de los efectos de la enfermedad.

Para el que regresó, Jesús no solo le dijo a la lepra: "Calla, enmudece." Hizo mucho más que calmar las llagas y úlceras visibles en su piel. Jesús le devolvió todo lo que la enfermedad le había arrebatado.

La lepra provoca pérdida de sensibilidad, entumecimiento, debilidad muscular, problemas en los ojos que pueden causar ceguera, así como desfiguración y parálisis. Jesús hizo algo más que una sanidad superficial en aquel que se volvió a Él con fe y gratitud.

Lo salvó de los efectos de la enfermedad. Donde había entumecimiento, Dios restauró la sensibilidad. Donde había debilidad, Dios renovó la fuerza. Donde se había perdido la vista, Dios le devolvió visión perfecta.

Todo lo que la enfermedad le había quitado,
Dios se lo devolvió.

La desfiguración del leproso fue transformada. Recuperó cualquier parte que había sido consumida: su nariz, la punta de sus dedos. Recobró su movilidad. El leproso soltó su bastón, y volvió a vivir, a moverse y a existir plenamente, porque dio gracias y alabó a Dios.

Jesucristo es el mismo ayer, hoy y por los siglos. Él está dispuesto y es poderoso no solo para tratar los síntomas del dolor en tu vida. Hace mucho más que simplemente "detener la hemorragia" causada por heridas del pasado. Él quiere eliminar los efectos del daño emocional que has experimentado y ayudarte a descubrir nuevas maneras de vivir la vida que tienes ahora. Jesús se entregó a sí mismo para que tú y yo podamos vivir Su victoria de una manera nueva y viva.

Ver la lepra es fácil. Aquellos hombres tenían manchas en la piel. Puede que arrastraran partes del cuerpo o les faltaran algunos dedos. Había evidencia física. La vergüenza y las heridas emocionales, en cambio, son internas. No siempre son tan fáciles de ver. Alguien puede parecer fuerte y en orden por fuera, pero tener grietas profundas por dentro. Sin embargo, cualquiera puede hacer lo que hizo el leproso: correr hacia Jesús y clamar por misericordia.

Da gracias y alaba a Dios, y observa lo que Él restaura.

Imagina cómo se sintió el leproso. Su condición lo había aislado de sus seres queridos, del culto público y de la sociedad. Aun con la alegría de la sanidad, probablemente le tomó tiempo aprender a reintegrarse a su mundo. Tuvo que volver a aprender a dar y recibir un toque, y dejar de gritar instintivamente: "¡Inmundo! ¡Inmundo!" cuando alguien se le acercaba. Me pregunto cuánto tiempo tardaron esas palabras —su "diálogo interno"— en dejar de repetirse en su mente.

Como vimos en nuestra conversación anterior sobre la vergüenza, si has sido lavado por la sangre de Jesús, ya no eres inmundo. Es hora de ajustar cualquier pensamiento interno que te esté impidiendo caminar en tu nueva libertad. Abraza tu nueva realidad y suelta las etiquetas del pasado que ya no te definen. Eres hecho nuevo y completo en Él.

El leproso fue sanado, pero seguramente nunca olvidó lo que vivió. Es posible atravesar experiencias dolorosas, ser sanado de ellas y dejar de vivir bajo ese dolor, aunque sigan siendo parte de nuestra experiencia humana. Yo puedo mirar hacia atrás y recordar cosas que una vez me hirieron profundamente, y decir: "Eso ya no me duele." De esta clase de salud, plenitud y libertad estamos hablando—y eso incluye perdonar libremente a las personas y situaciones que te hirieron en el pasado... incluso perdonar a Dios por haber permitido que esas cosas dolorosas sucedieran.

El hijo pródigo

Los leprosos representan a personas que sufren por razones completamente fuera de su control. Por otro lado, el hijo pródigo nos ofrece un tipo diferente de ejemplo. Este joven, herido por decisiones egoístas, disfrutaba de una buena vida en la casa de su padre, pero quiso ver lo que el mundo tenía para ofrecerle. Despilfarró todo lo que su padre le había dado y terminó muriéndose de hambre mientras alimentaba cerdos en una pocilga sucia y repugnante.

Los judíos no tenían nada que ver con los cerdos. Aquel joven había caído tan bajo como se podía caer, pero un día se dio cuenta del verdadero estado de su miserable condición. La versión Reina-Valera 1960 dice: "Y volviendo en sí" (Lucas 15:17). Recordó lo bien que vivían los siervos en la casa de su padre. Ellos tenían comida, techo y cuidado. El hijo recobró la cordura, dejó de oponerse a sí mismo, salió de la pocilga y regresó de inmediato a casa. Estaba dispuesto a humillarse y ser solo un siervo, pero recibió la misericordia de su padre, así como el leproso la recibió también.

Hubo fiesta y celebración en la casa del padre, y el hijo herido por sus propias decisiones fue restaurado con misericordia.

*Puede que te sientas hecho pedazos,
pero Dios te ve completo y hermoso.*

Dios está tan cerca como la mención de Su nombre, listo para ayudarte a creer Su palabra para tu vida. Su misericordia y la sangre de Su sacrificio te lavan y te purifican. Nadie está demasiado lejos. Nadie ha agotado la compasión de Dios. Su misericordia es tan segura como el amanecer cada mañana.

Resumen

El ministerio de Jesús se enfocó en predicar, sanar y devolver la vista a los ciegos. Él vino a libertar a los quebrantados y a traer sanidad total, lo cual muchas veces toma tiempo. No desecha a los que están rotos, sino que nos invita a vivir en la libertad y plenitud que Él ofrece.

Idea principal

Jesús ofrece restauración y sanidad total, transformando vidas de la ruptura a la plenitud por medio de la fe, la gratitud y Su misericordia sin límites.

Puntos para reflexionar

- ¿Cómo resuena en tu situación actual la proclamación de Jesús sobre el año agradable del Señor?
- ¿De qué manera comprender la misericordia y compasión sin límites de Dios puede ayudarte a perdonar a quienes te han herido e incluso a perdonarte a ti mismo?

30 ROMPIENDO LAS CADENAS DE LA VERGÜENZA

El amor de Dios hace la obra

Imagina vivir sin temor, plenamente consciente del inmenso amor de Dios por ti. Conocer ese amor puede transformar tu mente, tus emociones y tus pensamientos, fortaleciendo tu fe y sacándote de las sombras de tu pasado.

Si pudiéramos comprender plenamente cuánto nos ama Dios, ese conocimiento podría desplazar nuestros temores, haciéndonos sentir seguros para permitirle obrar en nosotros. Aceptar Su amor poderoso puede cerrar la puerta del alma al enemigo. En lugar de vivir con miedo, rechazo o sentimientos de insuficiencia, podríamos vivir en paz, plenitud y gozo con Dios. Conocer Su amor trae seguridad y transforma nuestra mente, nuestros pensamientos y emociones, guiándonos hacia una vida de confianza y propósito.

Creo que Dios quiere restaurar por completo lo que depositó dentro de ti: restituirte, llevándote hacia adelante mientras te devuelve a tu propósito original. Él desea restablecerte, liberarte de las sombras del pasado que han provocado disonancia espiritual o confusión. Quiere sacarte de las sombras y llevarte a la luz.

Permite que el Espíritu que habita en ti te llene de una nueva valentía y autoridad. Dios puede transformar aquello que el enemigo quiso usar para dañarte en una fe fortalecida, renovando tu espíritu y transformando por completo tu vida.

El enemigo quiere que retrocedas y te escondas en las sombras de tu mente, pero el poder de la resurrección de Dios puede impartirte vida, fortaleza y favor. Ese poder puede romper toda cadena que te ha estado reteniendo. Te libera para caminar con Jesús como siempre lo has anhelado—de la manera en que fuiste creado. Muchas de las luchas y conflictos que enfrentamos son fuerzas del enemigo que contienden por ejercer control o influencia sobre nuestro destino. Pero Jesús ya ha vencido, y es tiempo de caminar en Su victoria, sabiendo que tienes potencial y propósito en esta etapa de tu vida. Dios puede hacer mucho más de lo que jamás podrías esperar, imaginar o soñar (Efesios 3:20).

Cuando permanecemos cerca de Dios y fieles a nuestro primer amor por Él y por Su pueblo, podemos mantenernos firmes y comunicar Su sentir al mundo.

Los sentimientos son reales, pero eso no significa que siempre estén basados en la verdad. Las emociones pueden surgir de nuestras percepciones y experiencias pasadas. Cuanto más tiempo pasamos en la presencia de Dios y en Su Palabra, nuestras percepciones, pensamientos y visión espiritual se alinean con los de Él. En Su presencia, comprendemos que no tenemos que seguir siendo víctimas de nuestro pasado. Al sumergirnos en Su amor y en Su verdad, podemos adquirir una nueva perspectiva que nos libere de cualquier error o prejuicio que nuestras emociones puedan presentar.

Nuevas criaturas en Cristo

Como nuevas criaturas en Cristo, podemos liberarnos de nuestro pasado y de sus efectos persistentes. Dios quiere rescatarnos del ayer y hacernos libres para vivir la vida abundante que Él nos ofrece. Esta libertad nos capacita para ser embajadores eficaces de Su Reino.

Dios sanará nuestras emociones y nuestras respuestas aprendidas. Él está activamente transformándonos a Su imagen. Tú y yo somos almas vivientes que Jesús vino a renovar, regenerar y restaurar. Jesús no es un Dios de curitas ni de torniquetes. Él es sanador, creador y consolador. Se pone a nuestro lado y nos llama a estar con Él, diciendo: "Venid a mí." En Él encontramos descanso, paz y plenitud.

Dios nos ha traído a un umbral en este momento. ¿Lo sientes? Yo creo que el viento de Dios está abriendo puertas de par en par, y nos está invitando, llamando a estar con Él en intimidad y a recibir poder e instrucción. Está abriendo puertas de oportunidad, puertas de proclamación y puertas a dimensiones que nunca antes hemos conocido. Nos invita a una experiencia mayor, pero debemos caminar a través de ella.

La confesión es buena para el alma

Martín Lutero describió el pecado como "el hombre encorvado sobre sí mismo", ilustrando cómo el pecado distorsiona y tuerce nuestra inclinación natural a conectarnos con Dios y con los demás. En lugar de mirar hacia afuera, el pecado prioriza nuestros deseos e intereses personales, a menudo sin considerar el bienestar de quienes nos rodean. Esta curvatura hacia adentro distorsiona nuestra percepción hasta el punto de hacernos creer que nuestras acciones centradas en nosotros mismos están justificadas. Si no se confronta, el pecado termina por desconectarnos del fluir de la gracia y de la comunidad que provienen de una vida centrada en Dios. Esto crea un ciclo vicioso de autoabsorción y vergüenza.

Irónicamente, el pecado que promete placer, poder o protección es oscuro y engañoso. Entregarse a él conduce a la autocondena y a la vergüenza. Si estás atrapado en un ciclo de pecado, puedes romper con él. Dios promete liberar a quienes se vuelven a Él, buscan perdón, reparan lo que sea necesario y cambian su manera de vivir. Una vez redimido y restaurado —sin importar cuán bajo hayas caído— puedes mantenerte firme y caminar a la luz del amor y la verdad de Dios.

Una pesada carga de vergüenza suele nacer
del pecado no confesado.

Cuando guardamos pecados secretos, escondiéndolos en los rincones oscuros de nuestro corazón, la vergüenza echa raíces y crece. Solo al sacar esos pecados a la luz y confesarlos delante de nuestro Dios todopoderoso podemos experimentar libertad y encontrar sanidad.

¿Recuerdas a Victoria, Elizabeth y Michael? Cada uno de ellos intentó arreglar las cosas en sus respectivas situaciones. Pero ¿qué hay del vecino envidioso que guarda resentimiento y celos hasta que se convierten en amargura y vergüenza, erosionando su paz? O considera a la empleada que roba pequeñas cantidades en su lugar de trabajo, convenciéndose a sí misma de que no es algo grave. Cada día que va a trabajar, la culpa y el temor de ser descubierta se acumulan, llenándola de vergüenza y ansiedad que luego lleva a casa con su familia.

Piensa en el hombre que lucha en secreto con una adicción al alcohol. Creía que podía controlarlo, pero el esfuerzo de ocultar el hábito a sus hijos y a su esposa ha creado una pesada carga de vergüenza y de desprecio hacia sí mismo, que afecta sus relaciones y la manera en que se ve. Imagina a un amigo que constantemente chismea, esparce rumores y crea discordia. En el fondo, sabe que sus palabras hacen daño, pero continúa alimentando el chisme, lo que genera culpa y una creciente sensación de vergüenza que lo aleja de amistades verdaderas y significativas.

Imagina a la mujer que guarda una ira profunda y una falta de perdón hacia su hermano. Esa ira no resuelta la lleva a actuar de manera hiriente, y la vergüenza por su temperamento descontrolado y sus palabras duras pesa sobre su conciencia. Considera a la joven que pasó por un aborto, ocultando su dolor y su secreto a su familia. Ahora imagina que cada uno de estos hombres y mujeres profesa fe en Cristo y se convierte en creyente nacido de nuevo.

Aquí es donde entra en juego la disonancia cognitiva: cuando estas personas experimentan un conflicto entre sus acciones pasadas y las creencias que ahora profesan. El vecino envidioso sabe que los celos contradicen su fe. La empleada siente la tensión entre su robo y sus valores morales. La adicción del padre entra en conflicto con su papel de padre amoroso. El chismoso reconoce el daño de sus palabras, en contradicción con su anhelo de una amistad genuina. La ira de la hermana contradice el perdón que sabe que debe ofrecer. La joven que tuvo un aborto en secreto enfrenta el conflicto entre esa decisión, las enseñanzas de su fe y su creencia en el perdón y en la santidad de la vida.

La disonancia cognitiva crea una tensión dolorosa en los creyentes. Pone en evidencia la discrepancia entre sus acciones y sus valores espirituales, lo que conduce a una mayor vergüenza y culpa. Sin embargo, esta tensión puede verse como un regalo de parte de Dios. Nos impulsa a reconciliar nuestras acciones con nuestra fe, en lugar de permanecer atados y cargados. Nos anima a alinear nuestra vida con nuestras creencias, brindándonos una oportunidad de crecimiento y transformación.

Hay libertad en la confesión y el arrepentimiento. Cuando llevamos nuestros pecados ocultos ante Dios, Su perdón nos limpia por completo. Su gracia rompe las cadenas de la vergüenza. Podemos salir de las sombras y entrar en Su luz admirable, verdaderamente libres.

La cura

Para ser verdaderamente libres, debemos aceptar el único remedio real. Por nuestros propios esfuerzos, no podemos ofrecer un sacrificio que nos haga aceptables ante Dios ni que repare nuestra relación con Él. Jesús, nuestro precioso Salvador, ya ha provisto el sacrificio perfecto

"Pues Dios hizo que Cristo, quien nunca pecó, fuera la ofrenda por nuestro pecado, para que nosotros pudiéramos estar en una relación correcta con Dios por medio de Cristo"
(2 Corintios 5:21, NTV).

Nuestro amoroso Padre nos ha dado un camino para perdonar nuestros pecados y sanar nuestra vergüenza. Encontramos el verdadero perdón y la libertad a través de la sangre de Cristo derramada en el Calvario. Jesús lo ha hecho todo, y gracias a Él, podemos caminar con Dios, sin cargas y restaurados.

Satanás, el engañador, intenta hacernos aferrarnos a la vergüenza de pecados que ya han sido perdonados. Susurra mentiras, recordándonos nuestro pasado e intentando arrastrarnos de nuevo a la oscuridad. ¡Pero lo que Dios ha perdonado, Él lo ha olvidado! Dios arrojó esos pecados al mar del olvido. Se han ido, lavados completamente.

Y no solo eso, sino que Dios nos ha dado armas del Reino para derrotar las acusaciones del enemigo. La vergüenza es el arma de Satanás. Sus argumentos son su munición. Pero podemos confrontar sus mentiras y argumentos (2 Corintios 10:4). Cuando sometemos nuestros pensamientos a Dios, alineándolos con Su Palabra, y sobre esa base resistimos al maligno, derribamos fortalezas en nuestra mente (Santiago 4:7).

Transformando tu mente

Puede que no estés lidiando con un pecado no resuelto, pero tus experiencias pasadas podrían haber programado tu mente con mecanismos de respuesta específicos. Muy dentro de ti, tu mente envía advertencias: "¡Recuerda! Cuando esto sucede, haces esto. Cuando sientes miedo, huyes, peleas, comes, compras o intimidas." Estos patrones también pueden romperse, y pueden establecerse nuevos. Dios nos hace nuevos, una nueva persona. Él nos da el poder para romper con nuestra antigua manera de pensar y actuar.

La gracia es nuestra maestra.
La Palabra de Dios es nuestro plan de estudios.
El Espíritu de Dios es nuestro guía.

El Espíritu de Dios nos guía a toda verdad, dándonos poder para vivir los principios de Su Palabra con sabiduría y fortaleza. Al buscar sanidad en todas las áreas de nuestra vida, debemos confrontar el pecado y tratar con el equipaje emocional de nuestras experiencias pasadas. Las emociones negativas no procesadas y los mecanismos de defensa aprendidos afectan nuestra vida y nuestro servicio en el Reino de Dios. El enemigo quiere mantenernos atrapados en el pasado, pero Dios desea sacar a la luz lo que necesita ser sanado. Este proceso permite que el Señor descubra las áreas oscuras dentro de nosotros. Debemos darle acceso a aquellas zonas que han causado temor, sembrado raíces de amargura o nos han hecho sentir rechazados, para poder confesar, perdonar y desmantelar las fortalezas que se han formado con el tiempo.

Lo que nos negamos a abrir a Dios para que Él lo sane puede convertirse en un punto de acceso para el enemigo. La Biblia nos advierte que no debemos dar lugar al diablo. La palabra "lugar" en este contexto proviene del término griego topos, que es la raíz de la palabra topografía. Si cerramos las áreas donde hemos sido heridos, le damos al enemigo un punto de apoyo que puede convertirse en una fortaleza de influencia demoníaca incluso en nuestra propia vida.

No podemos justificarnos a nosotros mismos, permitiendo que las experiencias del pasado "expliquen" nuestras malas reacciones, el resentimiento o las decisiones egoístas de hoy. Debemos romper los lazos emocionales: vínculos con el pasado que nos mantienen atados. Muchas veces, el perdón es la clave para cerrar la puerta al diablo, incluso cuando hemos sido heridos. Jesús, en Su sufrimiento, no amenazó a otros ni se encerró en la autocompasión. No interiorizó el dolor ni guardó rencor oculto. En cambio, se encomendó a Dios, quien juzga justamente (1 Pedro 2:23). El perdón cierra la puerta al enemigo y abre el camino a la sanidad y la restauración. Dios siempre nos encuentra en el lugar del perdón. Allí, vemos cómo Su naturaleza comienza a formarse en nosotros.

Dios, en Su gracia y misericordia, a veces borra las cosas de manera instantánea.

Sin embargo, el crecimiento espiritual suele implicar un proceso de transformación. Pero si colaboramos con Dios, Él nos ayudará a dejar de lado viejos agravios y a sanar heridas del pasado. Dios nos ha destinado para la victoria, no para la derrota. Como miembros de Su Reino, estamos destinados a reinar con Jesús. Pero primero, debemos despojarnos de todo peso y correr con paciencia la carrera que tenemos por delante (Hebreos 12:1-2). "Él sana a los quebrantados de corazón, y venda sus heridas" (Salmo 147:3, RVR1960).

Renovando tu mente

La evidencia científica respalda la afirmación de que nuestro cerebro puede reconfigurar por completo nuestra personalidad. Podemos llegar a ser nuevas criaturas al establecer nuevos patrones de pensamiento, sentimiento y comportamiento. Incluso la ciencia reconoce que es posible romper hábitos antiguos y destructivos, y formar otros nuevos que den vida. Pero aquí está la clave: se necesita más que simplemente pensar de manera diferente. Debe haber un cambio en nuestras creencias fundamentales sobre nosotros mismos.

Alinear nuestros pensamientos y sentimientos con la verdad de Dios puede producir cambios duraderos que se integran profundamente en nuestro cerebro.

La humanidad no fue creada para el mal: nuestros pensamientos, deseos e incluso nuestras necesidades forman parte del diseño de Dios. Sí, separados de Dios tendemos a pecar, pero con fe en Él podemos estar de acuerdo y alinearnos con Su plan. El Espíritu de Dios puede santificar tu mente. Permítele usar tus pensamientos dirigidos por el Espíritu y tu identidad informada por Su Palabra para transformarte en la persona que Él te creó para ser, y para que alcances todo tu potencial.

Emily Dickinson escribió una vez: "Habito en la posibilidad." Estoy de acuerdo con ella, pues creo que hay un potencial ilimitado para el bien en la imaginación y la creatividad dadas y ordenadas por Dios. Usemos nuestros dones para el bien, para la gloria de Dios.

Jesús fue al Calvario para salvar nuestras almas y darnos sanidad total, y continúa trayendo mayor bienestar y plenitud a Su iglesia. Para que eso suceda, debemos asumir la responsabilidad de nuestro proceso de sanidad y hacer nuestra parte para contribuir a la salud espiritual y la madurez de la iglesia de Dios.

La próxima vez que sientas que la vergüenza intenta infiltrarse y desviar tu atención, imagínate de pie en la gracia de Dios, con Su luz derramando Su favor sobre ti. Luego, visualiza al enemigo huyendo de la escena y corriendo lejos, sabiendo que no tiene acceso a tu corazón ni a tu mente. Puedes resistir las acusaciones del enemigo cuando estás alineado con Dios y Su Palabra. Él puede lanzar dardos y flechas encendidas, pero tú llevas puesta la armadura. Tal vez sientas el impacto, pero no pueden penetrarte. Eres libre en el nombre de Jesús.

Resumen

El poder transformador del amor de Dios puede echar fuera todo temor y toda vergüenza. El pecado no confesado y la vergüenza no resuelta crean ciclos de culpa, pero al abrazar el perdón de Dios y alinear nuestros pensamientos con Su verdad, esas cadenas pueden romperse. Tanto la ciencia como las Escrituras afirman que nuestra mente puede ser renovada y nuestra vida transformada para bien. Podemos experimentar sanidad y restauración verdadera, y caminar con confianza junto a Dios.

Idea principal

Cuanto más comprendemos y experimentamos el amor de Dios, más se disipan el temor y la inseguridad de nuestro corazón, dando lugar a una paz profunda y a una plenitud que solo Dios puede brindar.

Puntos para reflexionar

- ⬥ Reflexiona sobre un momento en el que te sentiste profundamente amado. ¿Cómo afectó esa experiencia tus emociones y pensamientos? ¿Cómo se compara con el amor de Dios por ti?
- ⬥ Considera el concepto de que Dios te restaura a tu verdadera identidad. ¿Cómo puedes entrar en esta vida abundante y cumplir con el potencial y propósito que Él te ha dado?

31 DESMANTELANDO LOS MUROS

Superando barreras

La vergüenza y el dolor emocional pueden llevar a las personas a levantar muros invisibles alrededor de su corazón, aislándose de la sanidad que necesitan.

Uno de los aspectos tristes de la vergüenza y del dolor emocional es que llevan a las personas a levantar muros invisibles alrededor de su corazón. Esto podría explicar por qué el hermano mayor tuvo dificultades cuando el hijo pródigo regresó a casa. Algunas personas levantan muros porque no pueden reconocer el papel que desempeñaron en una situación dolorosa. No siempre es así, pero si volvemos a observar al hijo pródigo, vemos que él reconoció sus malas decisiones al regresar. Dijo: "Padre, he pecado contra el cielo y contra ti" (Lucas 15:18, RVR1960).

A veces, personas inocentes son víctimas, pero en otras ocasiones, nosotros contribuimos a nuestros propios problemas. Cuando eso sucede, debemos asumir la responsabilidad personal y reconocer nuestro papel sin poner excusas, incluso si sentimos que tenemos motivos para culpar a otros o a las circunstancias externas. Jesús cargó con nuestra vergüenza, permitiéndonos permanecer junto a Él. Debemos aceptar nuestro lugar y cumplir con nuestras responsabilidades, derribando los muros que nos separan de Su amor y propósito.

Cuando nos arrepentimos de verdad, las relaciones pueden ser restauradas. Podemos aprender y crecer a partir de nuestros errores en lugar de quedar sepultados bajo ellos.

Levantar muros puede ser comprensible desde el punto de vista psicológico o emocional, pero no es una reacción verdaderamente lógica. Algunas personas piensan: "Si tengo este campo de fuerza a mi alrededor, no tendré que enfrentar la magnitud del dolor". O bien, "Si levanto este muro, no volverán a herirme". Sin embargo, las cosas no mejoran cuando nos aislamos de los demás en nuestras relaciones. Sucede algo peor: se protege la herida en lugar de permitir que el corazón sane.

El instinto de retirarnos y protegernos sella una parte de nuestra vida y aísla aquello que necesita ser sanado. Esto no es saludable. La lepra traía aislamiento, pero la sanidad devolvía al sanado a la comunidad. Aunque el tiempo a solas es valioso, el ser humano fue creado para vivir en comunidad. Cerrarnos no es vivir realmente. Eso no es vida en abundancia; es pura supervivencia. Dios quiere algo más para Su pueblo que solo sobrevivir. El hijo pródigo regresó a la casa de su padre, sabiendo cómo su padre trataba incluso al siervo más humilde. De manera similar, la iglesia debe ser un refugio para los heridos y quebrantados, aun cuando las heridas sean autoinfligidas.

Como miembros de congregaciones locales, a menudo vemos bancas vacías donde antes adoraban rostros conocidos. Algunos se fueron porque los placeres del mundo los tentaron, pero muchos se fueron porque estaban heridos. Sin importar la razón, necesitan saber que la iglesia es un lugar seguro, una ciudad de refugio cuando regresen. Además, necesitan saber que no serán avergonzados.

Alcanzar la sanidad total para ayudar a otros

¿Cómo podemos guiar a las personas a un lugar al que nosotros no hemos llegado? Debemos estar sanos nosotros mismos. Tal vez parezca intimidante pedirle a Dios que te ayude a derribar tus muros, pero Él lo hará. Te mantendrá seguro en Su torre fuerte. Ya hemos hablado de esto, pero cuando se trata de sanidad emocional, a menudo es un proceso. Una experiencia tipo "muros de Jericó" estaría bien: un solo grito y se caen. Sin embargo, el daño emocional normalmente se desarrolla con el tiempo, y derribar los ladrillos probablemente también llevará tiempo, pero valdrá la pena. Persevera. No te aísles. Conéctate con personas seguras. Busca ayuda si es necesario. Mantente en la presencia del

Señor, porque en Su presencia y en Su nombre hay sanidad.

Muchos cristianos entierran sus recuerdos y reprimen sus emociones, creyendo que deberían alcanzar la sanidad total de forma automática al venir al Señor. Pero enterrar los problemas emocionales también entierra la posibilidad de una verdadera sanidad. Tener un problema emocional no significa que no seas salvo ni que no ames a Jesús. Significa que eres un ser humano en un mundo caído. Las heridas emocionales no te hacen deficiente.

Imagina que acabas de recoger conmigo tu vehículo nuevo, hecho a la medida. Ahora, imagina que, en el estacionamiento de la iglesia, alguien lo golpea dando marcha atrás. No fue culpa del auto. De manera similar, no todo daño emocional se debe a una intención maliciosa. A veces somos víctimas de accidentes y circunstancias. Sin embargo, las personas egoístas también pueden herir y utilizar a otros. Hablo como alguien salvada por la gracia y sanada de heridas profundas, que aún sigue aprendiendo mejores mecanismos de afrontamiento y respuestas emocionales.

Resumen

Romper los muros que te aíslan es esencial para la sanidad natural y la vida en abundancia. Reconocer tus heridas, asumir la responsabilidad y buscar la reconciliación con un corazón abierto es vital. La iglesia está destinada a ser un santuario para los heridos, un lugar donde el amor de Dios fluya hacia nosotros y a través de nosotros, mientras abrazamos el proceso de sanidad emocional para nosotros mismos y para los demás.

Idea principal

Estar heridos emocionalmente no significa que nos falte fe; somos humanos en un mundo caído. Pero Dios está listo y dispuesto a ayudarnos a derribar muros y abrazar la plenitud que Él ofrece.

Puntos para reflexionar

- ¿Qué muros invisibles has construido alrededor de tu corazón para protegerte del dolor emocional? ¿Cómo han afectado estos muros tus relaciones?
- ¿Hay alguna situación en tu vida en la que necesites reconocer tu papel en causar dolor? ¿Cómo puede el asumir la responsabilidad conducirte a la sanidad y a la reconciliación?

32 FUERA DE LAS SOMBRAS

Hacia La luz

Existe un contraste entre la sombra opresiva de la vergüenza y la sombra redentora del Calvario, que trae esperanza, sanidad y restauración.

La sombra de la vergüenza es oscura, opresiva y pesada. Nos sigue de cerca, proyectando una presencia larga y persistente sobre nuestras vidas. Nacida de experiencias pasadas, puede envolvernos en una sensación de indignidad, culpa y aislamiento. Bajo esta sombra, incluso el inocente se siente cargado y paralizado, incapaz de avanzar. Disminuye nuestro valor propio, distorsiona nuestra identidad y obstaculiza nuestra capacidad de ver esperanza o experimentar gozo. La sombra de la vergüenza nos atrapa en un ciclo de autocondenación y desesperanza.

En contraste, la sombra del Calvario es redentora y vivificante. Proyectada por la cruz donde Jesús se sacrificó, simboliza perdón, gracia y la promesa de una nueva vida. Esta sombra es un recordatorio poderoso del inmenso amor de Dios y del precio supremo pagado por nuestra redención. Desde la sombra del Calvario encontramos refugio y sanidad. Levanta el peso de la culpa y la vergüenza, y los reemplaza con paz y esperanza. Transforma nuestra identidad, afirma nuestro valor como hijos amados de Dios y nos capacita para avanzar con confianza y propósito. En la sombra del Calvario, la luz de la resurrección resplandece, prometiendo gloria futura.

Mientras que la sombra de la vergüenza busca disminuirnos y esclavizarnos, la sombra del Calvario ofrece un camino hacia la libertad y la restauración. La sombra oscura y opresiva de la vergüenza no puede compararse con el poder redentor que se encuentra en la sombra de la cruz. En la sombra del Calvario, no somos definidos por nuestros errores pasados, sino por el amor y el sacrificio de Jesús. Aquí, la vergüenza se transforma en gloria, la culpa en gracia, y la desesperanza renace en esperanza. La sombra de la cruz nos conduce a la luz de la resurrección, donde no permanecemos en tinieblas, sino que caminamos en la luz de la vida.

Un compromiso que debemos abrazar

No es un accidente que estés leyendo este libro. Tampoco es una coincidencia que algunas de las cosas mencionadas hayan resonado profundamente contigo. Dios te está hablando. Él tiene el poder para ayudarte en tu situación, incluyendo aquello que nunca has dicho en voz alta y esas cargas que pensaste que llevarías toda tu vida.

Este es tu momento para abrazar el compromiso. Confía en Su poder para transformar y sanar cada parte de ti. Ya no tienes que vivir en las sombras de tu pasado. Dios te está llamando a entrar en Su luz y caminar en la libertad y la plenitud que Él ofrece. Cree en Sus promesas, apóyate en Su fuerza y contempla cómo Él obra maravillas en ti.

Recuerda, no estás solo. Eres parte de una comunidad más amplia de creyentes en esta jornada. Podemos apoyarnos y alentarnos mutuamente mientras crecemos en fe y en gracia. Toma este compromiso en lo más profundo de tu corazón y permite que te impulse hacia la vida en abundancia que Dios ha planeado para ti.

A lo largo de este libro, has adquirido conocimiento y has creado herramientas únicas y personales para ayudarte en tu camino hacia el crecimiento espiritual. Por medio de la reflexión y la aplicación, Dios te ha ayudado a identificar y sacar a la luz áreas en las que Él aún está obrando, formándote para que seas una persona más saludable: el "tú" que Él imaginó antes de que el mal de un mundo caído dejara su huella. Recuerda, querido hijo de Dios, que le perteneces a Dios y has vencido, porque mayor es el que está en ti que cualquiera que esté en el mundo (1 Juan 4:4).

A continuación, encontrarás algunas escrituras adicionales para tu jornada de fe. Al dar pasos firmes hacia la radiante luz del amor de Dios, Su Palabra fortalecerá tu compromiso y elevará tu espíritu.

"Pon en manos del Señor todas tus obras y tus proyectos se cumplirán".
Proverbios 16:3, NVI

"Encomienda al Señor tu camino; confía en él y él actuará".
Salmo 37:5, NIV

"Porque ustedes antes eran oscuridad y ahora son luz en el Señor. Vivan como hijos de luz".
Efesios 5:8, NVI

"Y estoy seguro de que Dios, quien comenzó la buena obra en ustedes, la continuará hasta que quede completamente terminada el día que Cristo Jesús vuelva."
Filipenses 1:6, NTV

"Una vez más Jesús se dirigió a la gente y dijo: —Yo soy la luz del mundo. El que me sigue no andará en oscuridad, sino que tendrá la luz de la vida".
Juan 8:12, NVI

"Preocupémonos los unos por los otros, a fin de estimularnos al amor y a las buenas obras. No dejemos de congregarnos, como acostumbran hacer algunos, sino animémonos unos a otros, y con mayor razón ahora que vemos que aquel día se acerca".
Hebreos 10:24–25, NVI

Mi compromiso

Yo, _____, elijo salir de la sombra de la vergüenza y entrar en la luz del amor de Dios. Me comprometo a confiar continuamente en el poder de Dios para transformar y sanar cada parte de mi vida. Me apoyaré en Su fuerza, creeré en Sus promesas y caminaré con confianza en la identidad que Él me ha dado. Prometo apoyar a mis hermanos en la fe, extenderme a quienes estén en necesidad y vivir mi fe con valentía, compasión y amor. Con la ayuda de Dios, abrazaré la vida en abundancia que Él ha planeado para mí, caminando en libertad y plenitud.

Firma: _____

Fecha: _____

REFLEXIÓN FINAL

A lo largo de nuestra jornada por Una Letra Escarlata, hemos explorado verdades bíblicas que desafían y transforman. Juntos hemos enfrentado luchas internas y elaborado un recurso poderoso y edificante.

Oro para que continúes en este camino, creciendo en vitalidad y autenticidad en tu caminar con Jesús. Vivir tu fe con mayor confianza y propósito comienza con verte a ti mismo como Dios te ve. Que camines en la libertad, el gozo y la plenitud que Dios ha planeado y te ofrece.

APÉNDICE I

Reflexiones para desafiar y superar los patrones de pensamiento negativos

Una contribución de la
Dra. Kara S. McCoy

El cerebro humano es algo maravilloso. Aprende las funciones esenciales de la vida incluso antes de tener las palabras para describirlas. Sin embargo, la mente humana también está sujeta a los sentimientos del corazón humano. Los sentimientos del corazón humano están sujetos al trato que recibe de los demás en su entorno. Fuiste creado para ser un individuo autónomo y fuerte, capaz de pensar, sentir y actuar según el impulso y los deseos que Dios te dio. Sin embargo, es muy probable que tus resultados también se vean afectados por cómo actúan los demás a tu alrededor, lo que dicen de ti y la manera en que te enseñan a comportarte. Esto forma parte del sistema de "instinto" que nos ayuda a sentirnos seguros y protegidos, nos enseña las normas sociales y nos permite crear una sociedad mutua en la que todos vivamos juntos de manera relativamente armoniosa.

La negatividad es un factor presente en toda vida. Cada persona recibe tanto estímulos positivos como negativos de su entorno, especialmente de quienes ocupan roles parentales o de tutela en su crianza, quienes les enseñan las reglas de convivencia para la vida en su comunidad.

Por ejemplo, imagina una vida sin castigo ni entrenamiento para los niños cuando se portan mal. Todos hemos ido al supermercado y hemos observado al niño haciendo una rabieta bastante fuerte y llamativa en el carrito de compras, mientras la madre, con el rostro enrojecido, lo empujaba lo más rápido posible porque necesitaba escapar de las miradas que la avergonzaban. Hemos visto los resultados de niños que no fueron criados con límites. También hemos oído hablar de casos de niños que fueron criados con crueldad, usando demasiada fuerza e intimidación. Pero la mayoría de nosotros probablemente nos describiríamos como personas bastante "normales", habiendo sido criados con algo de bueno, algo de malo y algunos ejemplos ocasionales extremos en nuestras vidas, y la mayoría de nosotros tenemos una formación bastante equilibrada.

A medida que envejecemos, descubrimos que tenemos peculiaridades. Tal vez tuvimos una crianza muy estresante y negativa, pero mantuvimos una actitud positiva y un carácter amable. O quizá fuimos criados en un hogar amoroso, pero ya como adultos, nos involucramos en cosas en las que no debíamos y terminamos amargados, enojados y taciturnos. Tal vez había predisposiciones genéticas a la adicción en nuestra familia. ¿Cómo enfrentamos eso? ¿Y qué hay de los factores de crianza relacionados con la ira y la vergüenza? ¿Cómo expresaba —o no expresaba— la familia el amor, la culpa o el control?

Todos estos factores influyen en cómo pensamos y actuamos como adultos autónomos. A dónde fuiste después de graduarte de la escuela secundaria, qué universidad elegiste o no elegiste, con quién te casaste o no te casaste, qué grupo de amigos encontraste y si consumiste o no sustancias adictivas. Además, cuántos hijos tuviste o no tuviste y si eras o no una persona de fe son ejemplos de cosas que influyen en tus actitudes, patrones de pensamiento y roles como adulto. Todo esto forma parte de la ecuación de cómo funciona tu mente ahora.

Pensamiento negativo

No nos gusta pensar que nuestra mente funciona de manera negativa o que juzgamos a los demás. La mayoría del tiempo, probablemente nos describiríamos como personas positivas. Sin embargo, el pensamiento negativo es una parte inevitable de la humanidad. Las circunstancias provocarán en nosotros una respuesta automática que ocurre con tanta frecuencia que, a veces, reaccionamos sin darnos cuenta. Tristemente, casi siempre se trata de un sentimiento negativo hacia nosotros mismos, nuestra capacidad de actuar o la forma en que nos describimos.

Por ejemplo, Johnny creció en un hogar donde el padre se fue y la madre era una persona dominante y autoritaria. Ella siempre culpaba al padre por haberse marchado y, a menudo, comparaba a Johnny con él, diciéndole: "Johnny, eres una gran decepción". A veces le decía: "Eres igual que tu padre". Todos sabían lo que ella pensaba de su padre. Johnny luchaba por lograr que ella se sintiera orgullosa de él. Daba lo mejor de sí. Pero si llevaba a casa una boleta de calificaciones con seis A y una sola B+, ella se fijaba en la nota ligeramente más baja en vez de alabar su excelente rendimiento en las demás materias.

Durante el resto de su vida adulta, Johnny tendió a ignorar todas las cosas hermosas que le sucedían y automáticamente veía lo peor o notaba hasta el más mínimo fracaso en su vida. "¡Ah, soy un idiota! Por supuesto que iba a toparme con la luz roja. Ahora llegaré tarde al trabajo y probablemente me despidan". Su mente aprovechaba cualquier oportunidad para odiarse y avergonzarse de sí mismo, y para rechazar las cosas que no podía cambiar.

No se trata únicamente de haber sido criado por "malos" padres. Incluso una buena crianza puede torcerse debido a las circunstancias de nuestra vida y a las cosas que nos suceden. A veces somos educados para complacer intensamente a los demás. Nos encontramos renunciando a nuestro tiempo, privacidad, placeres, metas en la vida, sueños y esperanzas para hacer felices a otros, por temor a que se sientan decepcionados de nosotros si no lo hacemos. Con el tiempo, el arrepentimiento, la ira, el resentimiento, la frustración, el disgusto y el deseo de huir se apoderan de nuestra mente.

Tal vez terminamos viviendo en una situación de alta presión porque estábamos impulsados a tener éxito, y eso ha provocado una ansiedad fuera de control. Quizás fuimos abusados o acosados sexualmente en nuestra niñez, o tomamos decisiones sexuales inesperadas en la universidad, y hemos tenido que vivir con las repercusiones de esos recuerdos durante décadas. Esto cambia la manera en que pensamos, hablamos, nos protegemos y nos relacionamos con los demás.

Seré honesta: algunos mensajes que recibimos en la infancia de parte de quienes nos cuidaron y de nuestros compañeros son los más difíciles de superar. Pero hay maneras de determinar si estás teniendo dificultades con tu forma de pensar. Algunos conceptos, que no se originaron conmigo, son principios psicológicos establecidos desde hace tiempo que pueden ayudarte a determinar si estás lidiando con pensamientos negativos. ¿Te das cuenta de que tú?:

1. Tienes un pensamiento selectivo que solo extrae los aspectos más dañinos de cualquier situación, ignorando lo positivo, en lugar de buscar lo mejor y aferrarte a las partes que respaldan tu historia triste.
2. Miras una situación negativa y la exageras en tu mente hasta convertirla en una gran catástrofe. ¿Asumes lo peor de lo peor antes incluso de que suceda?
3. Personalizas situaciones que ni siquiera tienen que ver contigo, pero las observas y asumes de manera negativa que giran en torno a ti. O tal vez asumas la responsabilidad por cosas que no están bajo tu control. (Ejemplo: "De verdad debí haberle dicho al pastor que antes yo era maestra de escuela dominical. ¡El VBS de este año está terrible! Habría sido mejor si yo estuviera a cargo").
4. ¿Tienes un pensamiento de "todo o nada" tan absoluto que ves todo como completamente excelente o como un terrible desastre? (Ejemplo: En cualquier momento, o soy un éxito rotundo o un fracaso miserable).
5. Generalizas en exceso los hechos de un evento al punto de considerar que toda una comida es basura por un solo panecillo quemado? (Te pican dos mosquitos y dices: "Ni siquiera sé por qué me molesté en venir a estas vacaciones, solo para llenarme de picaduras de mosquitos. ¡He odiado este lugar toda la semana!").

Si estas son cosas con las que luchas, ¡hay esperanza! El pensamiento negativo nos afecta a muchos, y ha llegado el momento de enfrentarlo y lidiar con él. ¿Por qué vivir un día más bajo su dominio? A continuación, encontrarás algunas maneras de afianzar tu libertad. Mira si estas técnicas pueden ayudarte en tu caminar diario con el Señor.

Hablemos con franqueza sobre la depresión

Es un hecho científico que la negatividad y la depresión van de la mano. Ya sea por un desequilibrio químico, una situación específica o un problema de conducta arraigado de toda la vida, sentirse deprimido conduce a pensamientos negativos, y el pensamiento negativo, a su vez, tiende a alimentar los síntomas depresivos. No nos engañemos: cualquiera que haya estado luchando con la depresión puede dar fe de la falta de gozo y positividad, de la dificultad para salir y "hacer", y de la carga emocional que supone que las personas no comprendan por lo que estás atravesando.

Pero dejemos algo en claro: las situaciones negativas no significan automáticamente que estés obligado a experimentar emociones negativas. La depresión no es dueña de ti.

¡Las personas que luchan por mantener bajo control el pensamiento negativo no están solas! Juntos peleamos a diario para alinear nuestro pensamiento con la mente de Cristo. Pero ¿cómo hacerlo? Steven Eastmond afirma: "Ninguna situación, ningún conjunto de circunstancias, ninguna otra persona provoca jamás que sientas algo. Si así fuera, seríamos totalmente esclavos emocionales de lo que nos suceda". Encuentro un gran consuelo en este pensamiento. NO somos esclavos emocionales de lo que nos sucede. Bíblicamente, se supone que debemos ser vencedores o más que vencedores, ¡sea como sea que eso se vea! Así que, a pesar de nuestra crianza, del pensamiento que viene de manera natural a nuestra mente, de la influencia de otros o de la interferencia del mal en nuestra vida, no tenemos (¡NO tenemos!) que vivir según las reglas de este mundo.

Una excelente manera de vencer la depresión y el pensamiento negativo es recibir apoyo de otras personas. Así que, al leer este libro, estás dando con firmeza un paso en la dirección correcta. Te apoyo y te felicito por hacer este esfuerzo. A continuación, encontrarás algunos consejos y estrategias basados en investigaciones, para ayudarte a frenar el ataque del pensamiento negativo y vivir esa vida de victoria para la cual fuiste creado.

Las cuerdas no son serpientes: Rompiendo asociaciones

Nacemos con la capacidad de ver el pánico y el dolor como aliados. Aprendemos al quemarnos un dedo en la estufa, para no terminar un día jalando accidentalmente una olla de agua hirviendo sobre nosotros mismos. Vemos una serpiente y sentimos el pánico que nos dice: "¡Peligro! ¡Corre!" Nuestro cerebro nos ayuda a reaccionar rápidamente para preservar nuestra vida y salud. A eso se le llama asociaciones. Ves la serpiente, corres. Ves la hornilla encendida y tienes cuidado al manejar la olla.

A veces tenemos experiencias traumáticas que dejan en nuestro cerebro una asociación duradera que no debería ser completamente universal. Por ejemplo, durante los años de primaria, los niños en la escuela te llaman gordo y feo. Encuentran razones para molestarte porque eres diferente, y porque ellos mismos se sienten inseguros. Entonces comienzas a creer que eres un inadaptado e indeseable.

Esto puede dirigirse al menos en dos caminos poco saludables:

Pasas tus años de secundaria en el gimnasio, tratando desesperadamente de cambiarte a ti mismo para que otros te quieran y te acepten. Esto puede funcionar y "comprar" amistad a un nivel superficial. No obstante, por dentro, sigues luchando con la autoaceptación y puede que nunca llegues a sentirte verdaderamente cómodo con quién eres.

Puedes caer en la depresión, sintiendo que no hay nada que puedas hacer para cambiar quién eres, y viéndote para siempre como aquellos otros niños te describieron. Tal vez sigas un camino de autodesprecio, desperdiciando años de tu vida y perdiendo oportunidades de éxito y felicidad.

Es tiempo de darse cuenta de que, aunque algunos años formativos hayan sido difíciles y aunque personas populares lo hayan dicho, eso no lo convierte en una verdad universal para siempre. De la misma manera que, si eres asaltado por una persona de un trasfondo cultural específico, eso no significa automáticamente que todas las personas de ese trasfondo sean ladrones.

Las serpientes pueden ser peligrosas. Las cuerdas por lo general no hacen daño. Se parecen en cierta medida. Puedes tener miedo de las serpientes, pero no necesitas salir corriendo por una cuerda en el piso.

Es momento de empezar a detenerse, pensar y actuar. En lugar de vivir bajo un juicio automático hacia ti mismo o en reacción a los demás, detente y respira antes de responder. Además, ten cuidado de no poner pensamientos sobre ti mismo en la mente de otras personas automáticamente. Más bien, detente y considera si debes reflexionar antes de reaccionar.

Debemos tomar acción de manera intencional y proactiva para vivir con plenitud de gozo.

Cuando estabas aprendiendo a conducir, quizá tuviste un accidente de carro. Tienes que decidir si permitirás que ese accidente haga que nunca vuelvas a manejar, o si puedes superar el miedo que sientes mediante un pensamiento racional.

Volver a subirte al carro puede ser una de las cosas más difíciles que hayas hecho. Pero también es gratificante. Te libera del miedo, porque poco a poco le demuestras a tu cerebro y a tu sistema nervioso que la asociación entre peligro y temor puede superarse.

Las asociaciones tienden a ser reacciones rápidas. Suelen apoyarse en pensamientos y sentimientos del pasado.

Reduce la velocidad de tu tiempo de reacción. Piensa bien antes de actuar. El simple hecho de que pienses algo no lo convierte en verdad. La realidad no sucede solamente en tu mente. Sucede fuera de ti, y puedes relacionarte con esa realidad si detienes tus asociaciones rápidas y encuentras sentido en todo ello.

También necesitamos considerar quiénes somos en Cristo. Detén las asociaciones automáticas reasignando el significado. ¿Te maltrataron y te hicieron dudar de tu valor personal? Puede que sientas la tentación de reaccionar mal en situaciones futuras, así que detente. ¿Tu valor es menor que el de cualquier otra persona? No. Piensa. Lo que ellos dijeron habla más de quienes te intimidaron que de ti. Luego, toma acción reasignando tu valor de acuerdo con valores reales como tus habilidades, logros y tu relación con el Señor.

¿Qué pasa si no es trauma? ¿Qué pasa si no es depresión? ¿Qué pasa si cada vez que vas a trabajar te das cuenta de cuánto más y más desprecias tu empleo? ¿Qué pasa si cada vez que tomas la computadora portátil y la enciendes dices para ti mismo: "Qué trabajo tan inútil tengo? Mi vida es un desperdicio. Ahí se va otro día por la ventana."

Detente. ¿Es la realidad la que habla? ¿O es aburrimiento? ¿O pereza? ¿O decepción por oportunidades no alcanzadas? ¿O simplemente frustración por un problema temporal?

Piensa. ¿Qué puedes hacer? Dependiendo de las respuestas a las preguntas anteriores, necesitas reflexionar y planear tus próximos pasos.

Toma acción. ¿Es este un trabajo del que necesitas hacer una transición? ¿Cómo lo harás? No te quedes simplemente parado quejándote, sintiéndote deprimido y atrapado. Toma acción. Pídele al Señor que te muestre cuál debe ser tu próximo movimiento. Dios quiere que vivas realizado, y Él te guiará.

El aislamiento es para los perezosos: Sal de ahí

Cuando nos sentimos incomprendidos o poco valorados, tendemos a pensar negativamente. Los pensamientos negativos sobre nosotros mismos suelen ser el primer paso, pero luego comenzamos a rechinar los dientes contra los demás. ¿Has escuchado el dicho: "Las personas heridas hieren a otros"? A menudo nos encontramos taciturnos, enojados e incluso amargados por las experiencias de vida que otros tienen y nosotros no, porque nos sentimos infelices. Esta falta de conexión significativa con las personas puede llevarnos a aislarnos aún más: dejar de participar en las cosas que disfrutamos, encerrarnos cada vez que no estamos obligados a estar en algún lugar, y rechazar la bondad de aquellos que intentan alcanzar nuestros pensamientos oscuros para sacarnos de allí.

La salida del aislamiento es desafiarnos a crear una nueva identidad que nos conecte con otros. Por ejemplo, tienes 23 años y luchas con ansiedad y depresión. Tus pensamientos son a menudo tristes y anhelas las relaciones que otros parecen tener, pero tú no. Al no saber cómo lograr esas relaciones y habiendo fracasado en el pasado al intentar hacer amigos, pasas todo el día en tu cuarto de tu apartamento, en la oscuridad, rodeado de desorden y polvo, mirando reels en Facebook. Tu única alegría proviene de ver a otras personas divertirse y hacer amistades. Te hundes más en el hoyo del aislamiento.

¿Cómo puedes escapar de las garras de la negatividad y el aislamiento? Encontrar algo de lo cual ser parte te conectará naturalmente con otros. Sal de ese apartamento polvoriento e inscríbete en una clase económica de cerámica en Hobby Lobby. O lleva a tu perro a sesiones de entrenamiento en PetSmart. Allí habrá otras personas con intereses similares, y la interacción natural ayudará a que tus habilidades sociales se nivelen. Es la experiencia de nuevos sentimientos y nuevos rostros en tu vida lo que aumentará tu capacidad de desafiar tus viejos hábitos.

Sí, la cama todavía te llama, y esas cortinas que oscurecen el cuarto te tientan a dejarte tragar por la oscuridad, pero si hay alguien que conociste en el parque de perros y que suele llevar a su mascota los martes al mediodía, y esperas con ilusión platicar con esa persona, será más fácil decirle a los pensamientos oscuros: "¡No!" La aventura puede incluso volverse divertida una vez que te animas a empezar.

¿Y qué tal la iglesia? ¿Tienes un interés que podrías invertir en el Reino? ¿El pastor ha expresado una y otra vez que se necesita ayuda para recibir a las personas o en el área de medios? ¡Quizá necesiten a alguien que simplemente se pare en la última fila del coro! No tienes que ser un solista seguro de sí mismo. Oye, incluso podrías mover los labios sin cantar las primeras veces, pero los nervios se irán, y la ansiedad perderá su dominio sobre ti cuando te demuestres a ti mismo que puedes hacerlo.

Nuestra identidad está ligada a las cosas que hacemos. Eres conocido como beisbolista si juegas en un equipo profesional de béisbol. Si tocas en la orquesta, eres conocido como músico. Si predicas el Evangelio, eres conocido como ministro. Entonces, ¿quién eres tú para ti mismo? ¿Un perdedor? ¿Un fracaso? ¿Un grillo? ¿Una rata asustada en la esquina de la vida? ¿Alguien débil que todos manejan a su antojo? ¿Una buena persona con una columna vertebral hecha de fideos? Bueno, quizá sea tiempo de una nueva identidad. Soy cristiano y artista. Soy escritor.

Soy paseador de perros. ¡Soy ministro en la iglesia a través del ministerio de bienvenida! No le tengo miedo a las arañas, así que todos los niños me llaman para matarlas en el salón de la escuela dominical. ¿Ves? Puedes ser alguien de valor y dignidad simplemente decidiendo dejar de aislarte y, en cambio, entrar en un nuevo ambiente y probar. (Incluso los pasos pequeños hacia adelante son pasos). Haz el esfuerzo. Haz un horario. Empieza en pequeño, ¡pero empieza! Rehúsa darte permiso para quedarte sin hacer nada.

El detalle es que a veces sientes que "no puedes" hacer ninguna de estas cosas. La cama te llama, y no tienes energía ni deseos de intentarlo. Sí, lo repito: empieza en pequeño. Tienes que levantarte para ir al baño o para preparar comida, ¿cierto? Entonces, de camino al baño, pasa por la ventana y abre de golpe las cortinas. Deja entrar la luz en el cuarto. Haz el esfuerzo de establecer un horario para ti mismo y crear una rutina, aunque sea pequeña. Saca al perro a dar una vuelta a la manzana en lugar de solo enviarlo afuera a hacer sus necesidades, y recibe aire fresco una vez al día. A veces es difícil, ¡pero puedes luchar! ¡Lucha por ti! ¡Lucha porque tienes valor! ¡Dios ve valor en ti!

Recoge gratitud en la estación de la rumiación

Este siguiente consejo requiere más esfuerzo que algunos de los anteriores. Cuando el pensamiento negativo golpea, a menudo es la respuesta a un recuerdo o a una idea acerca de un error cometido o de sentimientos heridos. La rumiación es el repensar constante o la obsesión sobre pensamientos y sentimientos del pasado, pero también sobre posibles eventos futuros. Es la manera en que la mente intenta procesar y resolver las cosas irresolubles de la vida. "María dijo…" o "No puedo creer que yo…" o "Estoy tan enojado. Debí haber dicho…"

La respuesta que necesitas posiblemente se encuentre en cambiar tu enfoque. Tan a menudo como queramos pelear contra las personas o quedarnos rumiando sobre nuestras carencias y fracasos, podemos cambiar nuestra manera de pensar. Un estudio reciente (Layous et al., 2023) reveló que incluso la rumiación puede modificarse al añadir una cosa: la gratitud. Cuando sientas que se acerca ese viejo enemigo —la rumiación y el pensamiento negativo— detente intencionalmente y busca una cosa por la cual estar agradecido.

Por ejemplo, si tienes una discapacidad física y luchas con limitaciones que no logras superar, en medio de un mal momento puedes detenerte, pensar e introducir un pensamiento de gratitud que le dé un giro a tu mentalidad. Haz lo contrario: ¿qué SÍ puedes hacer? Tal vez recuerdes una conversación con un familiar que terminó en una acalorada batalla de palabras y emociones desbordadas. La otra persona dijo algo particularmente hiriente y quisiste gritar. Pero no lo hiciste. Ahora desearías haberlo hecho. ¿Qué pensamiento de gratitud puedes introducir en la ecuación?

Aunque se sienta raro o forzado, puedes simplemente darle gracias a Dios porque estás vivo, porque tu gato te ama, o porque tienes aliento en tu cuerpo en este mismo momento. Deja que una mascota te lama, o alimenta al pez dorado y obsérvalo nadar hacia la comida. Siéntate en la ventana y mira a las ardillas correr. Da gracias a Dios porque nos entretiene a través de los pequeños animales. Dale gracias por la comida. Dale gracias por tu hogar. Dale gracias porque tienes personas en tu vida con quienes discutir. Intercala un pensamiento de gratitud y observa cómo, con el tiempo, transforma tu mentalidad.

Los pensamientos son como un tren. Corren recto por la vía pase lo que pase. Sin embargo, hay lugares en la vía que se desvían, y existe una palanca que puedes usar para cambiar el rumbo. Si logras distraerte del irritante, mover la palanca para enviar el tren por otra vía es como hacer ese cambio.

Cuando sientas que la ira empieza a subir, en lugar de quedarte pensando en ella —lo cual puede resultar placentero, porque la ira trae placer, incluso cuando el enemigo mete sus manos en ella—, dale gracias a Dios por esa persona y ora para que Él la bendiga. ¡Mueve la palanca! Cuando llegues a la estación de la rumiación, deja que la Gratitud suba a bordo. Será un pasajero bienvenido cuando llegue la dificultad.

Sal a caminar. En serio.

Debe decirse muchas veces: las cosas que contemplamos o en las que pensamos son legítimamente dolorosas, ¡o realmente hemos sido heridos! En esas situaciones, a menudo sentimos que nuestra ira o nuestro disgusto están justificados. Nuestro cerebro repite el escenario una y otra vez, y puede ser difícil detener esa repetición. En ese caso, un cambio completo suele ayudar. Por ejemplo, podría ayudarte levantarte de la silla y salir a caminar bajo el sol por unos minutos. También, hacer algo no electrónico que realmente disfrutes.

Los cambios en el entorno físico influyen en la salud emocional. Sostén un cubo de hielo en tu mano y desafíate a ver cuánto tiempo puedes aguantarlo. Saca un cronómetro y todo. Hazlo. Si quieres, conviértelo en una especie de prueba olímpica ficticia. Cómete una galleta (no un paquete de galletas... solo una galleta). Di un trabalenguas, date una ducha, o mira algún video gracioso y ríete a carcajadas. Pero hagas lo que hagas, trabaja en sacar tu mente de los pensamientos con los que estás luchando en ese momento. Luego regresa a tu labor. Las investigaciones dicen que el movimiento puede ser una experiencia que te conecta con la realidad.

Tu acción física puede cambiar la atmósfera de tu entorno. Simplemente ponerte de pie y moverte puede detonar patrones de pensamiento más saludables. Puede que necesites aplaudir o decir: "¡Detente!" físicamente. Pero está bien. Porque esos pensamientos quizá quieran regresar y resurgir en unos minutos, y será tu tarea ahuyentarlos de nuevo y no quedarte rumiando en ellos. Cuanto más practiques cambiar tu mentalidad, mejor lo harás, y menos esfuerzo requerirá la próxima vez.

Pensamiento final: Creo que eres increíble

Espero que estos conceptos te hayan sido de ayuda. Aunque no he estado sentada en persona hablando contigo, creo en ti. Siento que puede ayudarte el saber que lamento profundamente las dificultades que has enfrentado a lo largo de tu vida. Sé que las cosas no siempre han sido fáciles, y que no siempre fueron justas. Pero creo que, porque todavía estás aquí leyendo, existe una conexión entre nosotros. Creo que Dios usará estas palabras para ayudarte a mover la palanca en las vías y dirigirte hacia la dirección que Él quiere para ti. Él sabe lo que estás enfrentando, y como persona de fe, debes seguir caminando con Él. Él te ayudará. ¡Ora! Acércate más a Él. Enamórate de nuevo de Él. Él siempre estará ahí para ti.

Además, si estás luchando hasta el punto de sentir que no puedes mejorar, o si estás considerando hacerte daño o suicidarte, te ruego que llames al 911 o contactes a tu proveedor de salud para buscar ayuda. Te amamos y creemos en ti. Vamos a conquistar esto. Puedes lograrlo con ayuda y fe.

Mantente fuerte y pon tu esperanza en Cristo, Kara.

APÉNDICE II

IMPLICACIONES ÉTICAS DE LA HUMILLACIÓN PÚBLICA

La participación de los cristianos en la humillación digital

Como discutimos anteriormente, la humillación pública ha evolucionado con el auge de la tecnología. Vivimos en una "era de la humillación", donde compartir información en línea puede convertir malentendidos, desacuerdos o errores privados en espectáculos públicos. Aunque históricamente la vergüenza a veces ha motivado cambios positivos y mantenido a las personas responsables unas de otras, la degradación pública por lo general fracasa y suele ser más dañina que útil.

Las redes sociales ponen en primer plano estas prácticas cuando los usuarios exponen a otros, a menudo declarándolos culpables sin investigar sus intenciones y sin enfrentar consecuencias por sus palabras y acusaciones hirientes. Una publicación, ya sea percibida como justa o hecha con "buenas" intenciones, aún puede arruinar la reputación de quien la escribe o el buen nombre de su víctima inocente. Incluso los intentos bien intencionados de usar la vergüenza como corrección moral pueden tener consecuencias negativas graves. Basta preguntarle a Justine Sacco, cuyo indiscreto tuit de 2013 —que ella pretendía usar para burlarse de su propio privilegio— se convirtió en un escándalo mientras estaba en un avión, sin saber que pronto se convertiría en el ejemplo emblemático de la humillación en internet. El incidente le costó un puesto de alto nivel, demostrando que un solo error puede conducir a consecuencias severas y duraderas, especialmente cuando una multitud en línea fija su blanco en una especie de cacería de brujas moderna.

En un mundo rápido para juzgar y condenar, los cristianos estamos llamados a mostrar compasión, entendimiento y el amor de Dios en todo lo que hacemos. Nuestra meta debe ser reflejar la gracia y la misericordia de Dios, restaurar y edificar en lugar de destruir, y ser conscientes de cómo usamos nuestras palabras y acciones. Obedecer la Palabra de Dios debe motivarnos a buscar el bien de todos, especialmente de los de la familia de la fe.

La humillación para imponer normas y moldear conductas

En nuestra era digital, la humillación se ha vuelto común por las mismas razones por las que se ha usado históricamente: para imponer normas sociales y moldear comportamientos morales en las relaciones. Deborah Cai explica que el propósito de la humillación pública es:

> "señalar y burlarse de quienes violan las normas esperadas del grupo, obligar a los infractores —y a cualquiera que observe— a reconocer y alinearse con las expectativas normativas, y fomentar el rechazo social —avergonzar u excluir públicamente a los infractores— si no se arrepienten y se vuelven a alinear con las expectativas del grupo".

Con frecuencia, las personas avergüenzan despiadadamente a quienes no están de acuerdo con ellas, sin considerar las consecuencias éticas. Cai destaca que "las pautas para una comunicación efectiva en los conflictos no son evidentes en las redes sociales, y parecen ser ignoradas. Las redes sociales invitan a la reacción inmediata, a la indulgencia instantánea de las propias opiniones y a la indignación por el comentario de otra persona".

El pensamiento grupal a menudo intenta silenciar las voces opuestas y promover éticas no bíblicas para establecer nuevas normas sociales. Las tácticas incluyen burlarse, desacreditar y dominar, presionando incluso a las subculturas para que se conformen o enfrenten la exclusión. Aunque no debería sorprendernos que los no creyentes usen las redes sociales para avergonzar a quienes defienden la moralidad bíblica, los cristianos no deben adoptar estas tácticas para forzar el acuerdo (Mateo 5:38-40; Romanos 12:19; Lucas 6:28). Los creyentes están llamados a ejercer sabiduría (Mateo 7:6) y hablar la verdad en amor, proporcionando información doctrinalmente correcta que edifique y desarrolle la iglesia (Efesios 4:11-16).

Las consecuencias sociales de informar, conformarse y reformar con vergüenza

La práctica de la humillación plantea preguntas éticas que a menudo entran en conflicto con mantener un fundamento bíblico del yo, particularmente al reflejar con precisión el carácter bíblico. Virtue signaling (señalización de virtud), un término acuñado por James Bartholomew en 2015, consiste en expresar opiniones para demostrar superioridad moral y mostrar a los demás que uno es una persona buena o aceptable. John Lippit considera el virtue signaling el "vicio de la autojusticia". Los fariseos en los días de Jesús mostraban una apariencia de cumplimiento escrupuloso de la Ley, mientras llevaban una vida interior diferente, caracterizada por la avaricia y la autoindulgencia, alejando a las personas de Dios en lugar de acercarlas.

William Willimon cita la visión de Jason Micheli sobre Judas como un señalador de virtud, al criticar el gasto del nardo derramado sobre Jesús cuando el dinero pudo haberse usado para los pobres. Willimon sostiene que el "Cuerpo de Cristo, enviado por el Espíritu, es la manera en que Dios muestra Su verdadera virtud." La iglesia en acción —visitando a los pobres, a los ancianos y a los solitarios— sirve como el medio de Dios para traer sanidad al mundo, no como un espectáculo público ni como publicaciones de relaciones públicas. Los señaladores de virtud reciben su recompensa, como el dador que hacía sonar trompeta en la Biblia (Mateo 6:2). Al igual que los fariseos, los señaladores de virtud a menudo se consideran mejores que los demás mientras exigen más de otros de lo que ellos mismos practican (Mateo 23:14).

También preocupa que las redes sociales permitan enmarcar el "yo" en un entorno de representaciones superficiales e incompletas. Trevor Sutton destaca la necesidad de una reflexión teológica en torno a las redes sociales, instando a pastores y teólogos a proclamar la promesa de Dios en nuestra era digital, enfocándose principalmente en la justificación frente a la autojustificación tan prevalente en las redes sociales. Él cita a John Barclay, señalando que las personas temen más al juicio de sus semejantes que al juicio de Dios, lo cual conduce a la irritabilidad, la crítica y la crueldad. Barclay observa: "Nuestros contemporáneos no intentan principalmente ganar el favor de Dios; están intentando ganar el favor de los demás. El juicio que temen no es el final, sino los comentarios humillantes en las redes sociales." Esto subraya la tendencia humana a buscar justicia con un "me gusta" de un solo clic, jactándose de su justicia mientras humillan a otros.

El concepto del "yo espejo" de Charles Horton Cooley describe cómo la idea que uno tiene de sí mismo se forma a través de la interacción social. Observar cómo reaccionan los demás a las diferentes versiones de nosotros que presentamos en las redes sociales influye en nuestra autoidentidad, basada en lo que otros ven y dicen de nosotros. Cooley sostiene que este concepto se origina en la Palabra de Dios, la cual revela que los seres humanos fueron creados a imagen de Dios y que fuimos hechos para reflejar esa imagen. Sin embargo, la "autoimagen cibernética" de hoy en día suele distorsionar esta visión. Los creyentes deben encontrar su identidad en el espejo de la Palabra de Dios (Santiago 1:23-24).

Como espejo, la Palabra de Dios provee una visión verdadera de quiénes somos; nos permite vernos como Dios desea, para que lleguemos a ser las personas que Él quiere que seamos.

El concepto del "yo espejo" de Charles Horton Cooley (la idea de que el yo se forma como un reflejo de la percepción de los demás) describe cómo la idea que uno tiene de sí mismo se forma a través de la interacción social. Observar cómo reaccionan los demás a las diferentes versiones de nosotros que presentamos en las redes sociales influye en nuestra autoidentidad, basada en lo que otros ven y dicen de nosotros. Cooley sostiene que este concepto se origina en la Palabra de Dios, la cual revela que los seres humanos fueron creados a imagen de Dios y que fuimos hechos para reflejar esa imagen. Sin embargo, la "autoimagen cibernética" de hoy en día suele distorsionar esta visión. Los creyentes deben encontrar su identidad en el espejo de la Palabra de Dios (Santiago 1:23-24).

Como espejo, la Palabra de Dios provee una visión verdadera de quiénes somos; nos permite vernos como Dios desea, para que lleguemos a ser las personas que Él quiere que seamos.

Reforma forzada a través del vigilantismo digital

Esto nos lleva a otro aspecto de las consecuencias sociales de informar, conformarse y reformar con vergüenza: la construcción social de la reforma forzada mediante el vigilantismo mediado digitalmente. Cai señala que "cuando un gran número de personas interactúa, la coherencia se construye en torno a aspectos negativos más amplios." El *clicktivismo*, la práctica de apoyar causas a través de las redes sociales y otros medios en línea, incluye la humillación para propagar ideologías, lo cual, en los últimos años, se ha usado para impulsar la agenda de diversos movimientos sociales.

Crear conciencia pública sobre presuntas estafas, delitos, acoso o conductas poco éticas puede servir al bien común. Sin embargo, las tácticas agresivas de humillación en línea para vengarse, resolver disputas personales o desafiar normas sociales pueden crecer como una bola de nieve a partir de una publicación incendiaria, convirtiéndose en una "manada" que arremete contra una persona o concepto, construyendo un consenso negativo y llevando esa idea o persona a la obsolescencia. Las tácticas de manipulación y el desafío público de opiniones o acciones políticas basadas en las emociones de una persona, por ejemplo, transforman la humillación de ser una herramienta positiva a lo que puede percibirse como un ataque injustificado.

Exhibir a quienes tienen puntos de vista divergentes con el propósito de humillarlos y de manipular un cambio social constituye un vigilantismo digital orientado a ejercer poder, fuerza disciplinaria y control social. Las distintas formas de vigilantismo en redes sociales parecen ir más allá de intentos de impartir una simple justicia en línea. Según Marko Skorik y otros, "Internet se presenta como una nueva vía para la aplicación de normas: ahora el público tiene el poder de actuar sobre tales hechos publicándolos en línea." La humillación puede, en ocasiones, ofrecer un canal necesario y cumplir una función reintegradora para alinear a los individuos con las normas sociales aceptadas. Sin embargo, la falta de contexto y el avance ideológico consecuente generan preocupaciones, especialmente desde una perspectiva cristiana. El "yo" ético puede ser difícil de mantener al participar en tales comportamientos, y debe tenerse cuidado de responder con palabras y acciones que reflejen precisamente las palabras y las acciones de Cristo, a quien estamos llamados a imitar (1 Pedro 1:15-16).

Las consecuencias espirituales de la humillación en redes sociales

Aun con intenciones positivas, la humillación en redes sociales puede tener consecuencias negativas no deseadas. Así como Jesús exhortó a Pedro a guardar su espada: "Porque todos los que tomen espada, a espada perecerán" (Mateo 26:52, RVR1960), los creyentes deben tener cuidado al involucrarse en guerras en redes sociales. Reputaciones arruinadas, daño psicológico y la humillación en respuesta pueden poner en riesgo a quienes emplean estas tácticas, incluso exponiéndolos a posibles demandas civiles o penales. Cuando los cristianos participan en la humillación pública, a menudo se vuelve en su contra, trayendo oprobio al Reino de Dios. Los que humillan pueden convertirse ellos mismos en los humillados.

Los conceptos bíblicos deben expresarse con un carácter piadoso. Aun cuando se presentan con amabilidad, las tácticas de humillación pueden abrir la puerta a represiones malintencionadas y al acoso, llevando a la opresión de voces en una sociedad fundamentada en la libertad de expresión. En lugar de entrar en conversaciones contenciosas, el apóstol Pablo aconsejó a Timoteo evitar ese comportamiento y guiar con mansedumbre a quienes deben ser instruidos en la verdad (2 Timoteo 2:23-25). Los cristianos deben procurar vivir irreprensiblemente, especialmente los líderes, quienes establecen los más altos estándares cristianos para que la iglesia los imite (1 Pedro 5:3), y evitar contribuir a la difamación de la reputación de la iglesia (1 Timoteo 3:1-10).

En una "cultura de señalamiento", los cristianos deben ser conscientes de cómo sus palabras afectan a los demás. Jesús entendía el equilibrio entre la gracia y el compromiso personal, hablando la verdad sin alienar innecesariamente a las personas. Los cristianos están llamados a la bondad, la mansedumbre y el amor, evitando la dureza, la malicia, los ataques verbales o los insultos disfrazados de valentía o franqueza. Sharon Hodde Miller analiza el costo de decir la verdad que puede no sonar agradable, sin importar cuán dulcemente se presente. La conducta ética debe reflejar un carácter profundamente arraigado y no una máscara usada por apariencias. La iglesia, como cuerpo de Cristo, debe encarnar este equilibrio, reflejando el amor y la gracia de Dios.

Las redes sociales y la conducta cristiana: un llamado a la sabiduría y la compasión

Usar las redes sociales con el propósito de alienar a las personas no está en línea con los principios bíblicos. Dios, representado como un Pastor que dejaría a las noventa y nueve para rescatar a una (Mateo 18:10-14; Lucas 15:3-7), encarna inclusión y compasión.

Aunque la Palabra de Dios muestra a Jesús señalando comportamientos equivocados e incluso volcando las mesas (Mateo 21:12; Marcos 11:15), lo hizo para corregir la injusticia, no para alienar. Como describe Miller: "Existimos en un mundo que oscila entre la dulzura y la indignación, dos comportamientos que parecen contradecirse entre sí. En realidad, son dos caras de la misma moneda de la falta de formación espiritual." Desarrollar madurez espiritual nos ayuda a discernir entre el mal fruto y el buen fruto, que brota de un alma arraigada y permaneciendo en Cristo.

Aplicado a las redes sociales, estos conceptos proveen reglas adicionales de interacción que evitan los ataques, las críticas constantes y el señalamiento, mientras animan a la honestidad con valentía y gozo. Los niveles de confianza han caído dolorosamente bajo, y como escribe Kat Rosenfield: "Sin confianza, nos volvemos temerosos y desesperados por ejercer control... Somos menos caritativos, más críticos y más propensos a llegar a los extremos." Esto conduce al fenómeno de la "cultura de la cancelación", que se alimenta de la victimización, la polarización y la eliminación de "dinosaurios culturales" en nombre del progreso. Los creyentes deben ejercer sabiduría al relacionarse con tales tendencias para evitar traer oprobio al Reino de Dios. Como representantes del cuerpo de Cristo, debemos usar un lenguaje cuidadoso que no pueda ser fácilmente malinterpretado como odio o acoso. También debemos evitar ofendernos con facilidad y participar en linchamientos digitales, especialmente en respuestas rápidas a declaraciones incendiarias, divisivas y no verificadas.

En medio de una "cultura de señalamiento", la iglesia es la que ha sido llamada y separada por Dios, parte de un pueblo escogido, un real sacerdocio, apartado para proclamar las alabanzas de Dios que nos sacó de las tinieblas a Su luz admirable (1 Pedro 2:9). El mundo sabrá que somos cristianos por nuestro amor, mostrado no solo en nuestro caminar fiel con Dios, sino también en la manera en que nos amamos unos a otros (Juan 13:35).

En su conferencia de 1957 titulada *"Justicia sin violencia"*, Martin Luther King, Jr. afirmó:

"A veces es necesario un boicot, pero el resistente no violento comprende que un boicot nunca es un fin en sí mismo. Es simplemente un medio para despertar un sentido de vergüenza en el opresor, pero el fin es la reconciliación. El fin es la redención. Así, la consecuencia de la violencia es la amargura, pero la consecuencia de la no violencia es la creación de una comunidad amada. La consecuencia de la no violencia es redención y reconciliación. Este es un método que busca transformar, redimir y ganar la amistad del oponente, haciendo posible que los hombres vivan juntos como hermanos en una comunidad y no vivan continuamente en amargura y fricción"

La historia demuestra que aun cuando una causa justa produce una justa indignación, transformar la ira en activismo pacífico resulta más eficaz para ganar personas a una causa que la humillación pública (Juan 13:34–35; Colosenses 3:12–14; Romanos 12:14; Efesios 4:31–32). Cuando se necesita corrección dentro del cuerpo de Cristo, la autopista de la información no es la ruta adecuada, sino una confrontación privada (Mateo 18:15-18). Cabe notar que la respuesta más fuerte que da Jesús a quien ha pecado es tratarlo como a un pagano o a un publicano. La Palabra de Dios aclara cómo los creyentes deben tratar a su peor enemigo: con amor y oración, no con hostilidad (Juan 13:34; Colosenses 3:13; Proverbios 15:1).

Cuando las conversaciones se inician dentro de la comunidad cristiana y se extienden hacia afuera, los creyentes deben tener cuidado de hablar de maneras que acojan, en lugar de excluir o alienar, precisamente a las vidas que están llamados a alcanzar con las buenas nuevas del Reino (Romanos 2:4). Debemos mantener siempre al frente el objetivo del discipulado mientras procuramos edificar la iglesia y evangelizar al mundo. Construir unidad y comunidad requiere sabiduría, sensibilidad y madurez espiritual, ejemplificando un testimonio digno de confianza a lo largo del tiempo (Santiago 3:17).

Cuando los creyentes actúan con ira, cabalgando sobre los impulsos digitales desde sus "altos caballos morales", este tipo de "cristianismo de señalamiento" hace muy poco para difundir el Evangelio. Las luchas internas entre creyentes y el espíritu de juicio no logran demostrar el amor de Dios entre el pueblo de Dios ni en la comunidad en general.

Pablo exhortó a los creyentes a hacer juicios espirituales en todas las cosas (1 Corintios 2:15), pero no a juzgar a los de afuera (1 Corintios 5:12). Jesús enseñó a sus seguidores a no juzgar por las apariencias, sino a juzgar con rectitud (Juan 7:24). La humillación, aun en nombre de difundir el Evangelio, no libera a los necesitados, sino que convierte la verdad de Dios en un arma usada de manera no redentora.

Conclusión

El tema de la humillación en redes sociales es complejo y multifacético. Históricamente, la humillación se utilizaba para corregir y reforzar normas y valores sociales. Sin embargo, hoy en día, la humillación pública con frecuencia ha degenerado en actos de castigo y coerción, lo que plantea serias preocupaciones para los creyentes cuya moralidad está fundamentada en principios bíblicos. Este cambio ignora o intenta modificar la Palabra de Dios para ajustarla a visiones seculares de lo que se considera bueno, correcto y justo. En última instancia, Dios es quien determina la bendición y la maldición, el honor y la vergüenza.

Para los cristianos, el llamado es claro: debemos bendecir y unir, no avergonzar ni dividir. Los estándares bíblicos para una vida virtuosa no apoyan la humillación pública. Jesús enseñó y ejemplificó el bendecir a quienes nos maldicen, resaltando la necesidad de compasión y gracia en nuestras interacciones.

Como cristianos, debemos recordar que las redes sociales suelen mostrar una representación incompleta y superficial de la realidad. Al interactuar en línea, no debemos conducirnos de maneras que comprometan nuestra identidad en Cristo. Nuestra presencia en línea debe reflejar el amor y la gracia de Dios, buscando bendecir y unir, no avergonzar ni dividir. La humillación en línea contradice los valores bíblicos. Cuando nos apegamos a la ética bíblica en nuestras interacciones en redes sociales, podemos cumplir de manera más eficaz la Gran Comisión, fortaleciendo a la iglesia y compartiendo el evangelio con sabiduría, sensibilidad y madurez espiritual.

BIBLIOGRAFÍA

Abbott, G. "Cucking and Ducking Stools." *Encyclopedia Britannica*. September 9, 2021. https://www.britannica.com/topic/cucking-stool.

Aiken, Mary. *The Cyber Effect: An Expert in Cyberpsychology Explains How Technology Is Shaping Our Children, Our Behavior, and Our Values—and What We Can Do About It*. New York: Random House Publishing Group, 2017.

Amici, Federica, Stefan Röder, Wieland Kiess, Michael Borte, Ana C. Zenclussen,

Anja Widdig, and Gunda Herberth. "Maternal Stress, Child Behavior and the Promotive Role of Older Siblings." *BioMed Central*, BMP Public Health, 29 April 2022. https://bmcpublichealth.biomedcentral.com/ articles/10.1186/s12889-022-13261-2.

Bartholomew, James. "Easy Virtue." *The Spectator*. September 17, 2022. https://www.spectator.co.uk/article/easy-virtue/.

Beevor, Antony. "An Ugly Carnival: How Thousands of French Women Were Treated after D-Day." *The Guardian*. June 4, 2009. https://www.

theguardian.com/world/2009/jun/04/second-world-war-france-women.

Bicchieri, Cristina, Ryan Muldoon, and Alessandro Sontuoso. "Social Norms." *The Stanford Encyclopedia of Philosophy* (Winter 2018 Edition), edited by Edward N. Zalta. https://plato.stanford.edu/archives/win2018/entries/social-norms/.

Breslin, Michael J., and Christopher A. Lewis. "Theoretical Models of the Nature of Prayer and Health: A Review." *Mental Health, Religion and Culture* 11, no. 1 (2008): 9–21. https://doi.org/10.1080/13674670701491449.

Cai, Deborah A. "Public Shaming and Attacks on Social Media: The Case of White Evangelical Christians." *Negotiation and Conflict Management Research* 13, no. 3 (2020): 233. Pittsburg: Carnegie Mellon.

"Clicktivism." *OED Online*. September 2022. Oxford University Press. http://www.oed.com/viewdictionaryentry/Entry/11125.

Denomme, Angelina. "From Viral Hashtag to Social Movement: The Rhetoric and Realization of #MeToo." Thesis, University of Georgia, 2017.

DeSilva, David A. *Honor, Patronage, Kinship & Purity: Unlocking New Testament Culture*. Westmont: InterVarsity Press, 2000.

"Diary Entry on 'the Pillory.'" The British Library. https://www.bl.uk/learning/timeline/item105434.html.

Gabriel, Angeli. "How the Titanic Was Taken down by a Mirage." *FOX Weather*. April 12, 2022. https://www.foxweather.com/lifestyle/titanic-weather-thermal-inversion-mirage-optical-illusion.

Gorman, Michael. *Apostle of the Crucified Lord: A Theological Introduction to Paul and His Letters*. Grand Rapids: Eerdmans, 2016.

Hayden, Chin Mun Yee. "The Influence of Prayer on Patient Recovery: A Scientific Review." *Docquity*. February 28, 2023. https://docquity.com/articles/the-influence-of-prayer-on-patient-recovery-a-scientific-review/.

Kang, S. H., Kim, J. S., and Kwon, C. J. "Effect of Religiosity on Quality of Life and Lifespan." *Journal of Religion and Health* 55, no. 2 (2016): 410-426. https://doi.org/10.1007/s10943-015-0012-3.

Karman, Yonky. Review of *The Construction of Shame in the Hebrew Bible: The Prophetic Contribution* by Johanna Stiebert, *Calvin Theological Journal* Vol. 39. Grand Rapids: Calvin Theological Seminary, 2004.

King, Martin Luther Jr. "Justice without Violence." Lecture, Brandeis University, Waltham, MA, 3 April 1957. Transcript. https://transcript.html#:~:text=Martin%20Luther%20King%3A%20It's%20necessary,The%20end%20is%20redemption.

Koenig, Harold G. "Religion, Spirituality, and Health: The Research and Clinical Implications." *ISRN Psychiatry* (2012): 278730. https://doi.org/10.5402/2012/278730.

Kraybill, Donald B. *The Riddle of Amish Culture*. Baltimore: John Hopkins University Press, 2001.

Lauria, Andria. "Nathaniel Hawthorne." *Boston Athenaeum*. September 14, 2022. https://bostonathenaeum.org/news/nathaniel-

hawthorne/#:~:text=He%20moved%20home%20to%20Salem,himself%20from%20his%20family%20history.

Lippitt, John. "The Pharisee on Social Media: Virtue Signaling and the Vice of Self-Righteousness." *Comment* 39, no. 2 (2021): 45–50. https://search.ebscohost.com/login.aspx?direct=true&AuthType=shib&db=rfh&AN=ATLAiFZK210614000459&site=ehost-live&scope=site.

Magyar-Haas, Veronika. "Shame as an Anthropological, Historical and Social Emotion." In Shame and Social Work: Theory, Reflexivity, and Practice, edited by Elizabeth Frost and others. Bristol online edn. *Policy Press Scholarship* Online (21 Jan 2021). https://doi.org/10.1332/policypress/9781447344063.003.0004.

McMahon, Catherine, Bryanne Barnett, Nicholas Kowalenko, Christopher Tennant, and Don Neville. "Postnatal Depression, Anxiety and Unsettled

Infant Behaviour." *Australian & New Zealand Journal of Psychiatry* 35, no. 5 (2001): 581-588. doi:10.1080/0004867010060505.

Meinch, Tree. "Shame and the Rise of the Social Media Outrage Machine." *Discover Magazine*. 2021. https://www.discovermagazine.com/the-sciences/shame-and-the-rise-of-the-social-media-outrage-machine.

Miller, Sharon Hodde. *Nice*. Grand Rapids: Baker Books, 2019.

Nir, Bina. "The Individual and Society: The Social Role of Shame." *Journal of Philosophical Criticism* 1, no. 2 (2018): 36–70. DOI: 10.17605/OSF.IO/JF32V.

O'Hanlon, Gerry. "Learning from the Murphy Report: A Theological Reflection." *Studies: An Irish Quarterly Review* 102, no. 408 (2013): 423–33. http://www.jstor.org/stable/23631196.

O'Neil, Cathy. *The Shame Machine: Who Profits in the New Age of Humiliation*. New York: Crown Publisher, 2022.

Newberg, Andrew B., Wintering, Nancy, Yaden, David B., Zhong, Lily, Bowen, Brendan, Averick, Neal, and Monti, Daniel A. "Effect of a One-Week Spiritual Retreat on Dopamine and Serotonin Transporter Binding: A Preliminary Study." *Religion, Brain & Behavior* 8, no. 3 (2018): 265-278.

Nussbaum, Martha. *Hiding from Humanity: Disgust, Shame, and the Law*. Princeton: Princeton University Press. Pittsburg: Carnegie Mellon, 2004.

"Perception Is Reality: The Looking-Glass Self." Perception Is Reality: The Looking-Glass Self | Lesley University. https://lesley.edu/article/perception-is-reality-the-looking-glass-self.

Piper, John. "Insanity and Spiritual Songs in the Soul of a Saint." *Desiring God*. 29 November 2023. https://www.desiringgod.org/messages/insanity-and-spiritual-songs-in-the-soul-of-a-saint.

"Quakers and Nathaniel Hawthorne." *North Shore Community College Library*. Accessed July 29, 2024. https://library.northshore.edu/Hawthorne-

Literature/Quakers.

Rashi, Tsuriel, and Hananel Rosenberg. "Shaming in Judaism: Past, Present, Future." *Journal of Religion and Society* 19 (2017). New York: The Kripke Center.

Ronson, Jon. "How One Stupid Tweet Blew up Justine Sacco's Life." *The New York Times*. 12 February 2015. https://www.nytimes.com/2015/02/15/magazine/how-one-stupid-tweet-ruined-justine-saccos-life.html.

Rosenfield, Kat. "The Real Problem with Cancel Culture." *Tablet Magazine*. 16 October 2019. https://www.tabletmag.com/sections/news/articles/real-problem-with-cancel-culture.

Skoric, Marko M., Jia Ping Esther Chua, Meiyan Angeline Liew, Keng Hui Wong, and Pei Jue Yeo. "Online Shaming in the Asian Context: Community Empowerment or Civic Vigilantism." *Surveillance & Society* 8, no. 2 (2010): 181-199. http://www.surveillance-and-society.org/.

Sutton, A. Trevor. "Inclined to Boast: Social Media and Self-Justification." *Concordia Journal* 45, no. 1 (2019): 33–44. https://search.ebscohost.com/login.aspx?direct=true&AuthType=shib&db=rfh&AN=ATLAi5IE190520000065&site=ehost-live&scope=site.

Thompson, William E., Mica L. Thompson, and Joseph V. Hickey. *Society in Focus: An Introduction to Sociology.* United Kingdom: Rowman & Littlefield Publishers, 2016.

"William Cowper." *Poetry Foundation*. https://www.poetryfoundation.org/poets/william-cowper.

Willimon, William H. "Virtue Signal." *Journal for Preachers* 45, no. 1 (2021): 31–35. https://search.ebscohost.com/login.aspx?direct=true&AuthType=shib&db=rfh&AN=ATLAiREM211019000952&site=ehost-live&scope=site.

Wu, Jackson. "The Shaping Power of Shame." *Christianity Today*. September 2020. https://www.christianitytoday.com/pastors/2020/september-web-exclusives/shaping-power-of-shame.html.

Yehuda, Rachel, and Amy Lehrner. "Intergenerational Transmission of Trauma Effects: Putative Role of Epigenetic Mechanisms." *World Psychiatry* 17, no. 3 (October 2018): 243–257. Accessed July 8, 2024. https://www.ncbi.nlm.nih.gov/pmc/articles/PMC6127768/.

ACERCA DE LA AUTORA

Lori Wagner es ministra ordenada, reconocida evangelista internacional y directora fundadora de *Affirming Faith* (Fe que Afirma), una organización benéfica dedicada a ayudar a las personas a crecer en su fe y prosperar en su caminar con Dios.

Con una Maestría en Estudios Teológicos del *Urshan Graduate School of Theology* (Escuela de Posgrado de Teología Urshan), Lori ha dedicado su vida a la enseñanza, la escritura y el ministerio. Actualmente está cursando un doctorado (Ph.D.) en Estudios Interdisciplinarios, con enfoque en estudios bíblicos, liderazgo y eclesiología.

Apasionada por compartir el amor y la esperanza de Dios, Lori ha escrito 27 libros en diversos géneros, incluyendo discipulado, crecimiento cristiano y ficción histórica, con más de 70,000 copias vendidas.

Más allá de la escritura, es una maestra y conferencista experimentada, ministrando en retiros, campañas, conferencias y eventos especiales en Norteamérica y en el extranjero.

En 2017, Lori lanzó *Preach Like a Lady Online Training Center* (Centro de Entrenamiento en Línea *Predica como una Dama*) como parte de su compromiso de capacitar y afirmar a las mujeres en el ministerio. También forma parte del comité directivos de *Women in Ministry* (Mujeres en el Ministerio) y del *World Network of Prayer* (Red Mundial de Oración).

Lori y su esposo, Bill, tienen cuatro hijos adultos y viven en Clarkston, Michigan.

Puedes explorar más sobre el trabajo y ministerio de Lori en *Affirming Faith* (Fe que Afirma) visitando www.affirmingfaith.org.

OBRAS ADICIONALES
DE LORI WAGNER

Recursos para el ministerio
Preach Like a Lady: A Handbook for Women in Ministry
Gender & Ministry: A Biblical and Historical Investigation of Women in Ministry
Insight on Ministry from a Christmas Tree Farm

Estudio temático
Wisdom is a Lady (Small Group Resource Pack)
The Scent of Hope: New Life from Dead Dreams
Holy Intimacy: Dwelling with God in the Secret Place

Biografía
Through the Waters: The Life and Ministry of Evangelist Willie Johnson

Ficción
The Briar Hollow Trilogy: *The Rose of Sharon, Buttercup, and Marigold Gateway of the Sun*

Discipulado / Crecimiento cristiano
Gates & Fences: Straight Talk in a Crooked World
Christian 101: Biblical Basics for New Believers and Youth
The Pure Path Series: *The Girl in the Dress, Covered by Love, Unmasked, and The Pure Life*

Oración / Devocional
ABC Essentials on a Path of Prayer Arise!
Walk in the Sunrise!
The Eight Days of Christmas
Quicken Devotional Bible Reading Program (co-escrito con Kara S. McCoy)

Inspiracional
Quilting Patches of Life: A Patchwork of Freedom

Misceláneos
Bachik, the Birthday Kiss
Pete's Passage
Orbis: The Fun Family Game You Win by Blessing Your World